RELATIONS ET JOURNAUX

DE

DIFFÉRENTES EXPÉDITIONS

FAITES DURANT LES ANNÉES 1755 – 56 – 57 – 58 – 59 – 60

Publiés sous la direction de l'abbé H.-R. CASGRAIN

D. ÈS L., PROFESSEUR A L'UNIVERSITÉ LAVAL, ETC.

QUÉBEC
IMPRIMERIE DE L.-J. DEMERS & FRÈRE
30, rue de la Fabrique, 30

1895

COLLECTION

DES MANUSCRITS

DU

MARÉCHAL DE LÉVIS

COLLECTION DES MANUSCRITS

DU

MARÉCHAL DE LÉVIS

———

Volumes déjà publiés :

1⁰ Journal du chevalier de Lévis.
2⁰ Lettres du chevalier de Lévis.
3⁰ Lettres de la cour de Versailles.
4⁰ Pièces militaires.
5⁰ Lettres de M. de Bourlamaque.
6⁰ Lettres du marquis de Montcalm.
7⁰ Journal du marquis de Montcalm.
8⁰ Lettres du marquis de Vaudreuil.
9⁰ Lettres de l'intendant Bigot.
10⁰ Lettres de divers particuliers.
11⁰ Relations et journaux de différentes expéditions faites durant les années 1755, 1756, 1757, 1758, 1759, 1760.

———

A la fin de ce volume, le dernier de la Collection, se trouve une Table analytique de chacun des volumes.

GUERRE DU CANADA

———

RELATIONS ET JOURNAUX

DE

DIFFÉRENTES EXPÉDITIONS

FAITES DURANT LES ANNÉES 1755–56 57–58–59–60

GUERRE DU CANADA

RELATIONS ET JOURNAUX

DE

DIFFÉRENTES EXPÉDITIONS

FAITES DURANT LES ANNÉES 1755 – 56 – 57 – 58 – 59 – 60

Publiés sous la direction de l'abbé H.-R. CASGRAIN

D. ÈS L., PROFESSEUR A L'UNIVERSITÉ LAVAL, ETC.

QUÉBEC
IMPRIMERIE DE L.-J. DEMERS & FRÈRE
30, rue de la Fabrique, 30

1895

RELATIONS ET JOURNAUX

DE

DIFFÉRENTES EXPÉDITIONS

FAITES DURANT LES ANNÉES 1755–56–57–58–59–60

1755

—

JOURNAL DE L'ATTAQUE DE BEAUSÉJOUR *

Le fort de Beauséjour, bâti par les Français en 1750, était situé sur l'isthme de la Nouvelle-Ecosse. Il était sous le commandement du trop fameux Vergor, lorsqu'il fut attaqué en

---

* Ce journal n'est pas signé ; mais il paraît avoir été rédigé par M. Jacquot de Fiedmond. On lit en effet dans les *Mémoires sur le Canada*, p. 30 : " Il (le gouverneur du Canada) envoya à Beauséjour le sieur Jacquot de Fiedmond, officier d'artillerie de mérite, afin qu'il fît fortifier cette place ". On voit d'autre part, par le texte du *Journal*, qu'à défaut d'ingénieur, celui qui l'écrit en faisait les fonctions (voir p. 10).

Le lieutenant de Fiedmond, dont il est parlé ici, est le même que celui qui s'immortalisa au siège de Québec en 1759.

1755 par le colonel Monckton à la tête de deux mille hommes de troupes anglo-américaines. Vergor capitula lâchement après quelques jours de siège. Traduit devant un conseil de guerre, il échappa à une condamnation, grâce à de fortes influences. — Note de l'éditeur.

Il y avoit longtemps que nos voisins avoient médité de s'emparer du fort de Beauséjour et des autres postes qui en dépendent, prétendant que nous étions établis dans le centre de leurs provinces de la Nouvelle-Ecosse. Dès qu'ils eurent pris les arrangements pour l'exécution de cette entreprise, ils firent publier une défense aux Acadiens habitants des Mines, du Port-Royal et des environs, de sortir de leurs cantons, et leur coupèrent même toute communication avec le fort de Beauséjour.

Ils avertirent aussi ceux qui étoient établis et réfugiés de notre côté que, lorsqu'ils viendroient pour nous chasser du terrain qu'ils prétendent leur appartenir, s'ils prenoient les armes en se joignant à nous pour s'opposer à leur dessein, ils seroient traités criminellement, comme propres sujets anglois.

Malgré toutes les publications et les autres avertissements que nous recevions, nous n'en eûmes point d'inquiétude, sachant que l'intelligence et l'union régnoient entre les deux couronnes, et ayant eu ordre les années précédentes de nous tenir tranquilles de part et d'autre jusqu'à ce qu'on eût déterminé par la voie de négociations les limites de cette partie, que la cour avoit à cœur.

Mars. — La diligence avec laquelle les Anglois travaillèrent à fortifier Halifax dans le temps le plus dur de l'hiver, et dans la vue sans doute d'une prochaine rupture

avec nous, ne nous fut point encore suspecte, non plus
que l'arrivée de deux de leurs régiments à la Virginie,
persuadés que les troupes n'étoient que pour renforcer
les habitants et les mettre en état de reprendre sur la
Belle-Rivière le poste d'où nous les avions chassés ; que
c'étoit l'unique raison de nos armements dans nos postes
en Europe qui n'étoient devenus considérables que par
l'accroissement de ceux des Anglois, et que tous les
préparatifs s'anéantiroient par la négociation.

Avril. — Cependant on sut que leurs gardes-côtes
avoient pris et conduit à Chibouctou un bâtiment
françois chargé à Louisbourg de munitions de guerre et
de bouche que l'on envoyoit au poste du Roi de la rivière
Saint-Jean.

Par le même avis, nous apprîmes aussi qu'on faisoit
de grands préparatifs de guerre dans toute la Nouvelle-
Angleterre, que tous les bâtiments marchands étoient
arrêtés dans leurs différents ports, ceux même qui
avoient coutume d'approvisionner leur fort, qui est dans
le voisinage, dans le mois d'avril et de meilleure heure,
furent retardés jusqu'au 1er juin. L'assurance de la
continuation de la paix s'étoit tellement imprimée dans
l'imagination de ceux qui habitent les cantons, qu'il n'y
eut aucune de ces raisons capables de leur inspirer la
moindre crainte, on demeura donc dans une sécurité
aussi parfaite que si on eût été au milieu de Paris.

Le 2 juin nous sortîmes de notre erreur. A cinq
heures du matin, un habitant établi au camp Marin-
gouin, qui est situé dans la Baie-Françoise à environ
deux lieues de la pointe Beauséjour, vint avertir M. de
Vergor-Duchambon, commandant au fort Beauséjour,

qu'une flotte angloise de près de quarante bâtiments
chargés de monde, étoit entrée dans l'anse que forme le
camp pour y attendre le retour de la marée et entrer
dans Beaubassin. Monsieur le commandant, ne doutant
plus du dessein des Anglois, dépêcha des courriers pour
Québec, la rivière Saint-Jean, Louisbourg et l'île Saint-
Jean pour demander du secours, et aux rivières dépen-
dantes de ce poste et les environs pour faire venir les
habitants au fort, qui devoient faire le nombre de près
de six cents hommes, avec ordre de prendre les armes
et de faire feu sur les Anglois, au moment qu'ils tente-
roient de passer sur les terres du Roi ou d'attaquer notre
fort.

A cinq heures et demie après-midi, l'on vit paroître
la flotte ennemie, composée de trente-sept voiles, dont
trois frégates, un senau et deux autres bâtiments armés
en guerre qui servoient d'escorte et qui mouillèrent à
l'entrée de Beaubassin ; les autres, n'étant que pour le
transport, furent s'échouer sur le rivage près du fort
Lawrence, fort anglois à quatorze cent cinquante toises
du nôtre. Les troupes débarquèrent sur les six heures
et demie du soir, et la plus grande partie passa la nuit
sous les armes.

L'on envoya un petit détachement en observation.

A défaut d'ingénieur, étant chargé des travaux du fort,
je représentai à Monsieur le commandant combien il étoit
essentiel pour la conservation de cette place d'en perfectionner avec toute la diligence possible les ouvrages
qui restoient en souffrance, particulièrement ceux du
front où le fort étoit le plus susceptible d'attaque, que
c'étoit là où il falloit se disposer à la plus forte défense,

en mettant en exécution le projet que j'avois fait pour
la construction d'un retranchement en dehors de ce
même côté, qui est en face de la prolongation de la
hauteur où ce fort est situé, et où l'ennemi pouvoit
employer son artillerie avec plus d'avantage et d'effet;
que le retranchement seroit proportionné au monde sur
lequel nous compterions, après l'avoir disposé selon la
situation du lieu et les vues d'une bonne et facile
défense; qu'il comprendroit uu espace où on pourroit
manœuvrer avec aisance, et auroit encore l'avantage de
présenter à l'ennemi un front aussi grand que le terrain
qu'il pourroit embrasser pour former son attaque; que
le canon que l'on y emploieroit, incommoderoit sans
relâche la tête de la sape, de manière à ne pouvoir
avancer que fort lentement, ce qui feroit perdre beaucoup de temps et de monde à l'ennemi, par le moyen
des coupures et des palissades derrière et autres
défenses qui formeroient un concours d'obstacles qu'il
lui faudroit vaincre avant que de pouvoir attaquer le
corps de la place; et que, si enfin l'ennemi nous obli-
geoit d'abandonner ce retranchement et nous retirer dans
la place, ce ne seroit qu'après avoir payé chèrement
son opiniâtreté; que cet ouvrage étoit d'autant plus
nécessaire que le fort étoit trop petit pour manœuvrer
et pour contenir seulement le monde que nous comptions avoir pour la défense; qu'on y seroit extrêmement
incommodé par les bombes; que son peu de capacité
donnoit à l'ennemi une grande facilité pour en détruire
les défenses dans peu de temps avec son artillerie, et
qu'il n'y avoit pas d'endroit dans cette place qui ne fût
également exposé à l'être par les bombes; que, pour

suppléer à ce défaut, les ouvrages extérieurs projetés
étoient indispensables, d'autant qu'ils couvriroient le
corps de la place du côté de l'attaque, qu'ils seroient
propres à gagner du temps et donneroient lieu à une
longue résistance ; que, lorsque le fort avoit été établi,
l'on avoit eu d'autre dessein sans doute que de le
mettre à l'abri d'un coup de main et d'y tenir une
petite garnison ; et que, voyant nos voisins prendre
plus de précautions que nous pour la sûreté de leur
poste, qui n'étoit qu'à quatorze cent cinquante toises
du nôtre, et où il y avoit une garnison de bonnes
troupes triple de celle que nous avions à Beauséjour, étant par là en état de former à tout moment
des entreprises contre nous et de s'emparer, avec seulement quelques pièces de campagne, de notre fort, qui
n'avoit d'autre rempart qu'une simple palissade, avant
que l'on eût le temps de rassembler les habitants
pour résister à leurs efforts et les obliger à une préparation de siège, afin d'avoir le temps d'être avertis
et secourus, l'on avoit fait tous les ouvrages prati-
cables pour renforcer l'enceinte, particulièrement les
parties les plus exposées à la campagne, et tous ceux
qui en pouvoient rendre l'accès difficile, étant obligés
de se concilier pourtant avec ce qui étoit commencé ;
qu'au surplus, ce n'étoit pas ordinairement le rempart
qui défend les places, mais que c'étoient les hommes ; que,
si les habitants avoient de la bonne volonté et du courage, nous pourrions faire essuyer aux agresseurs des
contradictions qui pourroient déconcerter leurs entreprises et les leur faire abandonner. Persuadé que j'étois
qu'ils ne balanceroient point sur le choix de l'attaque,

et qu'il n'y avoit qu'un seul front du fort qui pût être
battu de niveau, les autres ne pouvant l'être que de bas
en haut, feu plus mortin *(sic)* et de moindre effet, j'as-
surai le commandant que nôtre artillerie étoit en bon
état, et dont la plus grande partie étoit dirigée sur la prolongation de la hauteur où l'ennemi ne manqueroit pas
d'établir ses travaux, et que je répondois d'en retarder
assez l'avancement pour gagner le temps nécessaire de
perfectionner les nôtres et d'avoir du secours, s'il vouloit
me procurer les moyens de faire diligence ; et enfin
que, si les secours que nous espérions nous manquoient,
il n'y auroit d'autre voie pour nous sauver que notre
courage et nos bras ; qu'il n'y avoit point de temps à
perdre pour disposer nos préparatifs et commencer à
les mettre en œuvre dès aujourd'hui ; que la précaution
la plus pressante étoit de faire ramasser tous les outils
que l'on pourroit trouver chez les habitants et leur faire
fournir des chariots et des hommes, pour faire l'amas
des fascines et matériaux nécessaires pour une prompte
exécution, avant que l'ennemi fût maître de la campagne ; que les officiers de la garnison lui aidassent à
faire agir les soldats et les habitants, à les encourager
et à leur faire employer le temps, qui étoit précieux,
étant pressés de mettre à profit le moindre instant ; et
qu'après, il seroit nécessaire aussi de raser les maisons
et les masures qui étoient dans les environs du fort et
qui en pouvoient faciliter l'approche, ainsi que les bâtiments qui sont dans la place, pour avoir plus d'aisance
à mouvoir l'artillerie et éviter un incendie que l'ennemi
pourroit occasionner et qui seroit d'autant plus difficile

à arrêter que les bâtiments étoient de bois et que le lieu est élevé et sujet aux vents impétueux.

Le commandant parut trouver les dispositions des défenses avantageuses, relativement au temps et à la situation du lieu, et me dit qu'il alloit prendre des mesures et donner des ordres pour la plus prompte exécution de ces ouvrages, et mettre en usage tout ce qu'il trouveroit praticable pour rendre inutile l'entreprise de l'ennemi, ou du moins tirer le siège en longueur.

Le 3 dès le matin, les Anglois furent camper sur une colline qui dominoit leur poste. Le commandant du fort anglois écrivit à celui de Beauséjour pour le prier d'ordonner aux habitants que dorénavant ils fissent en sorte que leurs bestiaux ne passassent plus de son côté, parce qu'ils gâtoient leurs prairies et leurs palissades. Il n'y eut point de réponse. Quelques Anglois étant passés de notre côté, sous prétexte de venir chercher leurs bestiaux, M. de Langy, officier des troupes de l'Ile-Royale, qui y commandoit une garde d'observation de notre côté, les fit arrêter ; mais ils n'y étoient venus vraisemblablement que pour examiner le terrain par où passeroient leurs troupes.

L'on employa le plus de monde que l'on put à nos préparatifs et aux ouvrages des fortifications, de préférence sur un des fronts de ce fort qui pouvoit être battu de niveau, à tracer ceux que l'on avoit projetés et à pratiquer des fours pour boulanger dans le fossé.

Le commandant envoya ordre à M. de Baralon, cadet à l'aiguillette faisant fonction d'officier, qui commandoit un détachement de sept à huit soldats dans un mauvais petit fort de piquets mal assuré et mal

distribué, à une lieue de Beauséjour près du Pont-à-
Buot, qui traversoit la rivière qui est entre notre
établissement et celui des Anglois, que nous considérions nous servir de limites, et par où l'ennemi avoit
plus de facilité à passer avec un train de campagne
pour venir à Beauséjour, de raser ce fort, de rompre le
pont sur la rivière et de s'opposer le plus qu'il pourroit,
avec les habitants des environs de ce poste qui pouvoient faire le nombre d'environ cent hommes, au
passage des Anglois. Je fus pour donner quelques
bonnes dispositions pour la défense des passages de
cette rivière, en traçant sur le rivage un retranchement
qui se trouvoit fait en partie. En profitant des levées
dont cette rivière est bordée pour empêcher les inonda-
tions des marais, il n'y avoit qu'à former quelques
redans de distance en distance pour flanquer cette ligne,
ce qui ne demandoit que peu de temps et de travail ;
mais les habitants refusèrent d'y travailler, quelque
chose que je pusse faire et leur dire pour les y engager
et leur faire envisager cette bonne position pour combattre l'ennemi, qui ne pouvoit approcher de la rivière
que tout à découvert. Rien ne put les déterminer à
mettre la main à l'œuvre ; ils étoient plus inquiets de
s'assurer une retraite que de la résistance qu'on vouloit
les mettre en état de faire par le moyen de ce travail.

Ils dirent pour leur raison que, lorsqu'une fois l'ennemi auroit passé la rivière et forcé ces retranchements,
ils seroient trop exposés dans leur retraite pour gagner
le bois, qu'il n'y auroit rien à les couvrir jusque-là, et
autres raisons de gens peu propres à faire la guerre et
déjà intimidés à la vue seule de la flotte ennemie ; que

c'étoit sur le bord de ce bois qu'ils vouloient se poster ; et ils avoient déjà commencé un mauvais travail, qui se trouvoit éloigné de la rivière de plus de deux portées de fusil. L'on peut juger par là du peu d'obstacles que l'ennemi pouvoit avoir dans le passage de cette rivière de la part de pareils défenseurs.

M. de Baralon, qui commandoit à ce poste, étant contraint de se concilier avec la mauvaise posture de ces habitants, fit aussi tout ce qui étoit en son pouvoir pour en tirer un meilleur parti, et mit quatre pièces de petits canons de huit onces montés sur chandelier, que l'on appelle pierriers, qui provenoient de son fort, derrière les mauvais retranchements que ces habitants s'étoient faits de ramassis de bois, souches et broussailles.

Cinquante sauvages micmacs tuèrent pendant la nuit quelques chevaux aux Anglois, en amenèrent cinq ou six et se joignirent à ces habitants pour attendre les Anglois.

Je fus obligé de m'en retourner sans avoir pu rien gagner sur l'esprit de ces mêmes habitants. Je reconnus, sur le bord du chemin qui conduisoit du Pont-à-Buot à Beauséjour au travers des bois, et où il falloit que l'ennemi défilât, après avoir fait le passage de cette rivière, les lieux propres aux embuscades, où l'on pouvoit charger la tête et la queue de leurs colonnes avant qu'ils pussent se réunir ; et où il y avoit mille ressources pour incommoder l'ennemi dans sa marche, sans courir de risque d'être enveloppé ni de perdre beaucoup de monde. Je rendis compte au commandant des mauvaises dispositions de Pont-à-Buot et de mes remarques.

Sur les quatre heures après-midi, les Anglois sortirent de leur camp en ordre de bataille, pour faire des mouvements d'évolution et quelques décharges de mousqueterie, et rentrèrent sur les six heures. L'on mit à l'entrée de la nuit plusieurs détachements en campagne.

Le 4 au matin, les habitants des rivières arrivèrent au fort de Beauséjour ; et, sur les six à sept heures, l'armée angloise se mit en mouvement et chemina avec quelques pièces de campagne, marcha vers le Pont-à-Buot, où elle étoit si mal attendue.

Je demandai au commandant de me rendre à ce poste avec quelques gens de bonne volonté qui désiroient me suivre, pour y prendre des dispositions plus avantageuses et me régler sur les mouvements des ennemis, pour disputer le passage de cette rivière et trouver moyen de les chicaner ; ce qu'il ne jugea pas à propos. Mais, prévoyant le peu d'opposition que l'ennemi trouveroit à son passage, que ce début feroit juger de notre foiblesse, du peu d'habilité et peut-être du manque de courage des habitants, je ne me rebutai pas, et je fis solliciter Monsieur le commandant par M. de Vannes, son cousin germain, officier en qui il avoit le plus de confiance, et par M. l'abbé Le Loutre, missionnaire des Acadiens et sauvages ; mais ils ne réussirent pas mieux que moi.

M. de Langy, qui commandoit une petite garde d'observation de dix à douze soldats à la Butte-à-Roger, eut ordre de se joindre à ceux qui étoient au Pont-à-Buot. MM. de Bailleul et Rouilly, enseignes des compagnies de Canada, MM. de Villeray, enseigne de celles

2

de Louisbourg, et de Montarville, cadet, avec un détachement de cent cinquante habitants, ce qui faisoit nombre de plus de trois cents hommes, compris les sauvages, se rendirent aussi à ce poste avant l'ennemi qui ne pouvoit marcher que fort lentement en traversant un marais fort étendu pour parvenir au bord de la rivière, le terrain étant coupé d'une infinité de petits ruisseaux et rempli de défilés.

M. Duplessis-Fabert de Saint-Laurent fut détaché aussi avec cinquante à soixante hommes pour se joindre à ces premiers ; mais lorsqu'ils furent au quart du chemin, ils surent que l'ennemi avoit passé la rivière.

Les Anglois avoient leurs colonnes étendues de plus de quatorze cents toises de la tête à la queue ; il y avoit quelques détachements de troupes légères qui marchoient devant et sur les ailes. L'on jugea qu'ils devoient être plus de trois mille hommes. Ils arrivèrent sur le rivage dans cette disposition, en bordant une grande étendue de la rivière, où ils se réunirent pour se mettre en bataille et préparèrent leur artillerie qui consistoit en quatre pièces de campagne de 6. Lorsqu'ils firent le mouvement pour jeter leurs ponts, l'on fit feu du retranchement des pierriers et de mousqueterie, sans cependant que ce feu pût produire un grand effet. L'ennemi s'arrêta et répondit de son canon et mousqueterie. Le feu de son artillerie étoit dirigé de préférence sur l'endroit où étoient placés les quatre pierriers, à qui ils en imposèrent bientôt, cette foible artillerie étant d'ailleurs mal servie. Les sauvages abandonnèrent aussitôt les retranchements et furent se camper sur une hauteur hors de la portée du canon ; les habitants ne tardèrent pas non plus à se retirer dans les bois, à l'exception de deux ou trois, et il ne resta au retranchement, avec les officiers, que quelques soldats. M. de Baralon fit sauver les pierriers dans une charrette ; ils furent portés dans le bois et on les enfonça dans un marécage. Il fit mettre le feu au corps de garde, au magasin et aux maisons des environs ; les officiers furent obligés de se retirer, et l'armée angloise ne passa qu'à dix heures et demie et après l'abandon de ce retranchement. Il n'y eut qu'un soldat de tué dans cette affaire d'un coup de canon, un habitant qui fut blessé à une jambe et un autre blessé d'un coup de fusil.

L'on prétend que les ennemis perdirent quatre-vingts hommes ; mais il est difficile à croire que des coups tirés au hasard et hors de portée aient fait autant d'effet.

Les ennemis firent halte à l'entrée du chemin du bois pour faire reposer leurs troupes, et se mirent en marche vers midi, et vinrent camper à mille ou douze cents toises du fort, sur le bord du chemin, au bas de la Butte-à-Mirande. On donna ordre pour faire entrer dans le fort les provisions qui étoient dans les magasins et maisons des environs et d'y mettre le feu ; on fit aussi entrer quelques bestiaux dans les palissades.

Il ne fut employé que peu de monde aux travaux, et il n'y eut que peu de fascines et d'autres matériaux de ramassés ; les habitants s'occupèrent à sauver leurs effets avec leurs charrois. A l'entrée de la nuit, M. de Boucherville, cadet faisant fonction d'officier, sortit pour aller reconnoître la position des ennemis avec un détachement de soixante habitants qui l'abandonnèrent et se retirèrent dans leurs maisons, dans le village du Lac. Cet officier fut obligé de revenir au fort. L'on envoya un autre détachement. On distribua à la garnison et aux officiers chaque poste et on forma un détachement d'habitants pour servir l'artillerie.

Le 5, les habitants du Pont-à-Buot et ceux qui s'étoient trouvés au retranchement et tenus dans le bois depuis l'action, se réunirent et se rendirent au fort ; ils rapportèrent que les ennemis construisoient un pont sur la rivière, vis-à-vis leur camp, pour communiquer au fort Lawrence. Les mêmes habitants demandèrent au commandant de leur laisser faire la guerre à leur façon, disant que les gens de leur village de Pont-à-Buot et ceux du Lac harcelleroient l'ennemi sans relâche. Les habitants de la Baie-Verte se retirèrent chez eux, et il n'y avoit plus au fort que la moitié des six cents habitants qui devoient y être.

Je ne pouvois jouir du monde nécessaire pour diligenter les travaux, et il n'y avoit qu'un très petit nombre de ces habitants, honnêtes gens qui remplirent leur devoir avec beaucoup de zèle, et un détachement de trente soldats destiné pour servir l'artillerie, qui travailloient sans interruption, le reste de la garnison composé de plus de cent hommes ne faisant que fournir quelques factionnaires.

Je fis de nouvelles représentations au commandant à ce sujet, afin de prendre des arrangements pour obliger les habitants et soldats à travailler et à faire l'amas des palissades et des broussailles au lieu des fascines ordinaires que l'on ne pouvoit plus avoir, les ennemis étant répandus dans la campagne.

On fit le recensement des habitants, qui ne se montoit qu'à deux cent vingt hommes ; on les distribua sur les différents ouvrages avec des officiers pour les contenir sur les travaux.

On envoya M. de Boucherville avec huit habitants pour faire venir ceux qui étoient dans leurs maisons au Lac et aux environs.

On aperçut du fort que les ennemis avoient fait passer la rivière à un détachement, pour enlever les bestiaux des habitants qui étoient dans les marais de notre côté. On tira quelques coups de canon sur le détachement qui se retira précipitamment sans emmener aucun de ces bestiaux.

M. de Boucherville revint au fort seulement avec deux hommes ; il rendit compte au commandant que les habitants qu'il avoit été chercher, n'avoient pas voulu venir, qu'ils avoient mis les armes bas et jeté leurs munitions, disant qu'ils ne vouloient pas courir le risque d'être pendus comme les Anglois les en avoient menacés, s'ils prenoient les armes contre eux.

Une vingtaine de sauvages qui avoient si mal fait leur devoir au Pont-à-Buot, vinrent camper aux environs du fort. Les ouvrages ne se faisoient point avec la diligence que l'on espéroit.

Il sortit le soir un détachement qui se divisa en plusieurs petits partis.

Le 6 [juin 1755]. — L'arrangement qui avoit été pris la veille pour engager les soldats et habitants à travailler, ne subsistoit déjà plus ; il ne me fut pas possible

de mettre ce monde en train d'agir ; et, à la réserve de
quelques bons sujets qui demeurèrent sur les ouvrages,
tout le reste disparut comme une fumée. Je m'en plai-
gnis au commandant, et on employa encore les trois
quarts de la journée à les disposer au travail.

Les bâtiments de transport anglois commencèrent à
remonter la rivière, pour aller décharger au pont qu'ils
avoient construit. L'on tira quelques coups de canon
dessus sans succès ; ces bâtiments passèrent hors de la
portée. MM. de Baralon et de Boucherville, avec un
détachement d'habitants, furent sur le rivage tirer sur
ces bâtiments à la faveur de quelques levées. Ces mêmes
bâtiments tirèrent du canon sur eux, et il vint un gros
détachement des ennemis qui bordèrent la rivière de
l'autre côté pour empêcher que nos gens ne les trou-
blassent dans leur navigation et dans leur débarquement.
Ils obligèrent les nôtres à se retirer. On rasa tous les
bâtiments qui étoient dans le fort, à l'exception du corps
de garde et du logement des officiers. Le soir, arriva
un détachement de seize habitants de l'île Saint-Jean,
sans armes, conduits par M. Pomeroy, officier en garnison en cette île, que M. de Villejoin, qui y commandoit, envoya.

M. l'abbé Le Loutre, missionnaire des Acadiens et
sauvages, les encouragea le plus qu'il put ; il excitoit
les habitants au travail et les sauvages à inquiéter les
ennemis et à tâcher de faire quelques prisonniers. Un
habitant, nommé Beausoleil, qui passoit pour un des
plus braves et des plus entreprenants des Acadiens,
promit à ce missionnaire qu'il alloit faire son possible
pour faire quelques prisonniers, et qu'il alloit reconnoître

quelques passages dans le bois où il pourroit mieux les surprendre.

Le 7 [juin 1755]. — Il étoit plus de sept heures du matin que les travailleurs n'étoient point encore au travail, et il ne s'en trouva qu'un très petit nombre qui mirent la main à l'œuvre. Les soins que je pris pour les diligenter furent toujours sans succès, de même que mes représentations. Les différents partis que l'on tenoit dehors continuellement, occupoient inutilement beaucoup d'Acadiens qui ne demandoient pas mieux que de battre la campagne et les environs de la place, afin d'être dispensés de travailler. M. de Boucherville, avec un petit détachement d'habitants, rentra au fort ; il rapporta que les Anglois construisoient une batterie de canon sur le rivage près du pont qu'ils avoient fait pour leur communication et pour faciliter leur débarquement, et qu'il y avoit des bâtiments de transport qui leur apportoient leurs munitions et leur artillerie. Cette batterie étoit située à un endroit où la rivière forme un angle rentrant, d'où elle pouvoit battre en flanc un grand espace de la rive opposée et où nos détachements approchoient à la faveur de quelques levées pour tirer sur les matelots dans les bâtiments qui passoient.

A onze heures, un déserteur anglois arriva au fort, qui étoit un matelot des bâtiments de transport. Ce déserteur dit qu'il étoit irlandois de nation ; mais, comme l'on ne put avoir de lui aucun avis et qu'il ne répondit pas juste aux interrogations qu'on lui fit, on le soupçonna d'être espion ; l'on avoit cependant plus de sujets de croire que c'étoit un fou ; on le mit en prison, les fers aux pieds et aux mains.

Beausoleil, qui avoit promis la veille de faire un prisonnier, sortit avec quelques autres habitants à l'entrée de la nuit, et se joignit à un autre petit parti de sauvages.

Le 8 [juin 1755]. — Dès le matin, Beausoleil rentra dans le fort, seul de son parti, pour avertir qu'il avoit pris un officier anglois que ses gens amenoient, qu'ils faisoient un grand circuit par le bois pour éviter la rencontre de quelques détachements ennemis, afin de conserver leur prisonnier.

Sur les six à sept heures, les ennemis défilèrent pour gagner un rocher qui étoit situé sur le penchant de la même hauteur où nous étions situés, à environ cinq cents toises. Ils y pouvoient mettre un gros détachement à l'abri du feu de notre artillerie, et ils reconnurent que le lieu ne pouvoit être plus propre pour le commencement de leurs travaux.

Les habitants et sauvages, répandus dans les environs, se mirent derrière des cheminées de maisons qui avoient été brûlées entre le fort et le rocher, et tiraillèrent avec les Anglois. Je tirai quelques coups de canon ; mais ce fut pour avertir le détachement qui amenoit le prisonnier de prendre plus de précautions ; que les ennemis étoient près du fort, qui les auroient pu couper et auxquels ils auroient pu venir eux-mêmes, dans la confiance que c'étoit de nos propres gens.

Les Anglois feignirent de se retirer. L'on vit, peu de temps après, notre petit détachement avec le prisonnier, qui venoit du côté du marais, où il pouvoit être protégé du fort ; mais il est surprenant que les ennemis n'aient point tenté de le couper. Ils auroient pu y

réussir en sacrifiant quelques hommes qu'ils auroient
perdus par nos coups de canon, car l'on n'avoit pris
aucune précaution pour assurer l'arrivée de ce prisonnier ; et c'est une très grande faute de leur part, qui
servit à couvrir celle que nous avions faite de ne pas
embusquer des gens dans les broussailles qui bordoient
le marais, lieu très propre à favoriser la retraite du
détachement qui couroit risque d'être coupé sans cette
précaution.   Il y a apparence que les ennemis crurent
que cette disposition ne nous étoit point échappée ; sans
cela, je pense qu'ils n'auroient point perdu une si belle
occasion pour ravoir leur officier.   Le prisonnier arriva
sur les dix heures ; on le reçut avec beaucoup d'égards
et de politesses, et on le laissa libre dans le fort sur sa
parole.   Il obtint de notre commandant la permission
d'écrire au sien.   M. de Vergor lui écrivit aussi pour
l'assurer qu'il procureroit à cet officier qui lui étoit
tombé entre les mains tous les agréments qu'il pourroit.

M. de Baralon fut détaché, à deux heures après-midi,
pour porter les lettres. Une garde avancée des ennemis
le conduisit au camp, après lui avoir bandé les yeux ;
ils le firent passer parmi un grand nombre de monde et
le menèrent au commandant. En attendant sa réponse,
il fut se promener dans le camp avec d'autres officiers
anglois.   Ils le menèrent aussi au parc d'artillerie ; il
vit plusieurs pièces, qui lui sembloient être de 18 à 24,
et quelques mortiers qu'ils déchargeoient de leurs bâtiments.

L'officier prisonnier dit qu'il avoit été pris en allant
de leur camp au fort Lawrence pour y voir sa femme ;
il assura que nous avions affaire à une forte armée qui

emploieroit une nombreuse artillerie pour nous assiéger ; qu'il y avoit plus de trente-deux pièces de canon de 18 et de 24 avec vingt-deux mortiers de différents calibres, dont il y en avoit qui avoient jusqu'à quatorze pouces de diamètre.

Le 9 [juin 1755]. — Le jour fut encore moins fertile en événements que les précédents. Il tomba de la pluie et il se fit aussi moins de travail, le mauvais temps ayant fait retirer tous les travailleurs ; mais les ennemis déchargeoient toujours de leurs bâtiments les canons, les bombes, les trains d'artillerie et toutes les choses dont ils pouvoient avoir besoin pour leur entreprise.

Le 10 [juin 1755]. — A la pointe du jour, sortit un détachement de cent quatre-vingts hommes, commandés par M. de Vannes, qui furent s'embusquer au petit rocher où l'ennemi étoit la veille ; mais il n'y retourna pas ce jour-là, et le détachement rentra sur les sept à huit heures sans avoir eu occasion de tirer un seul coup de fusil. Le détachement se reposa et il n'y eut que très peu de monde employé aux ouvrages. L'on envoya des ordres aux habitants du Lac et autres endroits, qui étoient dans leurs maisons, pour les faire venir au fort. Le courrier qui avoit été envoyé à la rivière Saint-Jean, rapporta la réponse de la lettre qu'il avoit été porter au P. Germain, pour qu'il nous envoyât des sauvages de ces cantons. Le missionnaire marquoit qu'il ne les envoyoit pas, croyant que les Anglois se seroient rendus maîtres du fort avant que ce secours pût se rendre. On fut extrêmement surpris de cette réponse ; l'on persista à demander ce secours, et l'on renvoya le courrier sur-le-champ.

Les habitants du Lac et des environs se rendirent au fort.

Le 11 [juin 1755]. — On envoya aussi des ordres aux habitants de la Baie-Verte, qui s'étoient tous retirés dans leur village pour sauver leurs effets dans le bois, de se rendre à Beauséjour. Le nombre des travailleurs diminuoit chaque jour. Je redoublai à ce sujet mes représentations qui n'étoient plus qu'importunes. Je désespérai dès lors de pouvoir faire faire les ouvrages extérieurs projetés. La nécessité de les faire exécuter promptement étoit sensible ; que servoit-il d'avoir fait venir les habitants, si on ne les employoit utilement à la conservation de la place ? Quelque mauvaise volonté qu'ils eussent pour travailler, on en eût toujours tiré meilleur parti, si on les y avoit plus forcés que l'on n'a fait, et sachant surtout que ces gens-là n'étoient pas propres à incommoder l'ennemi dans les sorties consécutives qu'ils faisoient ; et nous y avons perdu beaucoup de temps. Ce que l'on perfectionna seulement dans la place, consistoit en plates-formes, blindages, à renforcer une courtine exposée à être battue, à relever les angles saillants des bastions et autres ouvrages pour se couvrir des enfilades de la hauteur opposée. Une partie de ce travail étoit revêtue de grosses pièces posées horizontalement les unes sur les autres et bien chevillées avec des clefs pour les lier, formant des coffres que l'on remplissoit de bois et de terre battue et autres matériaux propres à résister aux boulets de canon. Les canonniers furent exercés à former des merlons aux batteries à bar-

bette avec des ballots de *couvertes* et autres étoffes, à
défaut de gabions.

Le 12 juin. — On a lieu d'être surpris que l'ennemi
nous donnât le temps de nous préparer et qu'il n'eût
point encore pris son poste pour l'attaque. Rien ne le
gênoit, ce qui porta plusieurs à croire qu'il avoit dessein
de se rendre maître du fort de Gaspareau avant que
d'attaquer celui de Beauséjour, afin d'intercepter tous
les secours en munitions et en hommes qui pourroient
nous venir par la Baie-Verte, étant sûrs que, s'il en
venoit par la Baie-Françoise, ils n'échapperoient point à
leurs vaisseaux de guerre. S'il étoit arrivé au fort de
Gaspareau quelque secours, et qu'il n'eût pas pu parvenir à Beauséjour, les ennemis étant maîtres de la
campagne, il auroit rendu l'entreprise de ce poste plus
difficile aux ennemis que celui de Beauséjour, par la
difficulté de l'approche avec la moindre artillerie. Si on
eût détruit les ponts et levées par lesquels on communique du fond de la Baie-Verte au fort, l'ennemi pour
y parvenir auroit été contraint de les rétablir, les environs n'étant qu'un terrain marécageux coupé d'une
infinité de petits ruisseaux et tout à fait impraticable,
même à des gens à pied. Après avoir passé ce mauvais
pas, on étoit encore obligé d'entrer dans un bois propre
aux embuscades dont ce poste est entouré.

Cependant, à quatre heures après-midi, l'on vit marcher les ennemis vers l'endroit qu'ils avoient reconnu
le plus propre pour commencer leurs travaux. Il se fit
une sortie de plus de deux cent vingt hommes, soldats,
Acadiens et sauvages ; l'on ne peut dire exactement le
nombre, parce que cela se fit sans autre commandement

que le choix de ceux qui voulurent sortir pour aller
tirailler sur les Anglois à la faveur de quelques souches
et broussailles ; mais les ennemis, qui les attendoient
dans un meilleur ordre que celui avec lequel nos gens
alloient les attaquer, s'étoient déjà emparés de ces mêmes
broussailles, et, si quelques-uns de leurs coups de fusil,
tirés trop tôt pour leur avantage, n'avoient fait connoître à nos gens le lieu de leur embuscade, ils se
seroient tellement engagés qu'ils auroient été coupés et
enveloppés et n'auroient pu se faire jour d'aucun côté,
peu des nôtres se seroient échappés.

Les sauvages micmacs qui s'étoient trouvés dans
cette escarmouche, donnèrent de nouvelles preuves de
leur lâcheté ; ils ne tirèrent pas un coup de fusil qu'à
trois fois hors la portée. Le monde se retira au fort,
voyant qu'il n'y avoit que des coups à gagner. M. de
Bailleul fut blessé en s'approchant des broussailles. On
eut occasion de tirer quelques coups de canon sur les
Anglois.

L'ardeur qui avoit toujours paru pour les fréquentes
sorties avant que l'ennemi nous eût tant avoisinés, commença à se ralentir dans le temps où elle devenoit plus
nécessaire, et il ne s'en fit plus à l'entrée de la nuit
comme à l'ordinaire.

La nuit du 12 au 13, nous jetâmes des balles à feu
aux endroits où nous présumions que les ennemis pourroient faire quelques travaux, tout paroissant tranquille
où ils avoient pris poste.

Le 13 juin. — A la pointe du jour, on aperçut qu'ils
travailloient à former leur première parallèle à quatre
cent cinquante toises de nos palissades. La droite de

leur travail paroissoit appuyée au rocher situé sur le penchant de la hauteur, et l'autre extrémité aux broussailles, qu'ils abandonnèrent précipitamment lorsque nous tirâmes du canon sur eux. Ils avoient construit une batterie de mortiers dans un enfoncement, dans ces mêmes broussailles, sur la gauche de leur parallèle, et ils commencèrent à tirer des bombes de sept à huit pouces à six ou sept heures du matin.

La difficulté de perfectionner entièrement seulement les ouvrages du corps de la place augmente encore davantage ; les travailleurs, pour se garantir des bombes, abandonnèrent les travaux pour se fourrer dans les souterrains, d'où on ne pouvoit les retirer, et c'étoit toujours les mêmes, au nombre de vingt à vingt-cinq, qui travailloient sans interruption. On boucha la porte du fort qui étoit directement du côté de l'attaque ; l'on renforça la courtine où elle étoit placée. Cet ouvrage se fit avec diligence, M. de Langy, officier extraordinairement brave, ayant bien voulu partager avec moi les soins de ce travail. Sur les dix heures, vingt sauvages abénaquis arrivèrent ; ils chantèrent la guerre et promirent de faire des prisonniers. Il n'y eut qu'un homme de tué par la bombe. Les habitants qui avoient été destinés pour le service de l'artillerie, ne voulurent plus y être employés. On dit qu'il arriva quelques autres Micmacs à la Baie-Verte ; mais ils ne vinrent pas au fort et ils ne firent aucun coup sur l'ennemi.

La nuit du 13 au 14, il sortit un détachement d'habitants qui ne réussit pas mieux qu'à l'ordinaire ; cependant cela tenoit les ennemis en défiance, et ils cessèrent de tirer. A l'entrée de la nuit, on jeta des bombes et des boîtes à feu sur le front de la parallèle.

Le 14 juin. — Nous n'eûmes point occasion de tirer du canon. Les Anglois augmentèrent leurs mortiers ; ils pouvoient en avoir alors cinq ou six en batterie de différents calibres ; ils tirèrent des bombes de six, sept, huit et douze pouces, dès le matin, sans aucun succès ; il y eut cependant deux soldats blessés, mais légèrement. Notre artillerie tenoit toujours les travaux des ennemis éloignés, et nous avions sujet de croire que, si nous eussions pris des mesures pour mettre en exécution tous les ouvrages projetés pour notre défense et que l'on eût bien employé le temps, nous aurions eu celui de les perfectionner et d'avoir du secours de toutes parts, ce qui auroit encouragé les habitants et rendu au moins l'entreprise des ennemis inutile, s'ils n'avoient pas perdu une partie de leur monde avec leur train de campagne, et nous nous serions peut-être rendus maîtres de leur fort, qui est dans le voisinage.

Je représentai au commandant que le souterrain où l'on avoit mis l'officier anglois et quelques autres personnes qu'on ne vouloit point exposer, pouvoit être enfoncé par les nouvelles bombes que les ennemis nous jetoient, qu'il étoit nécessaire de changer cet officier d'endroit pour qu'il ne lui arrivât aucun accident, ce que le commandant voulut faire ; mais il lui demanda en grâce de rester dans le même endroit, disant qu'il seroit moins en sûreté, s'il étoit à son camp. On le laissa. D'ailleurs presque tout le monde considéroit ce souterrain comme le plus capable de résister à la violence du choc des bombes, voyant qu'il y avoit par-dessus une terrasse de dix ou douze pieds, et que les autres en avoient beaucoup moins, mais qui étoient cependant plus solides, tant pour la force des bois qu'on avoit employés pour leur construction que par la précaution avec laquelle ils avoient été faits.

Du 14 au 15 juin. — A l'entrée de la nuit, les ennemis cessèrent de tirer. Nous jetâmes des balles à feu et des bombes dans leurs ouvrages. A dix heures, le commandant reçut une lettre du gouverneur de Louisbourg, en réponse de celle qu'il lui avoit écrite pour lui demander du secours. Le gouverneur lui marquoit qu'il ne pouvoit pas lui en envoyer. On en avoit flatté les habitants qui croyoient ne pouvoir s'en passer. Pour surcroît de malheur, cette mauvaise nouvelle transpira presque aussitôt parmi eux ; la plus grande partie résolut de nous abandonner et l'on s'aperçut que quatre-vingts disparurent.

Le 15 juin. — Les ennemis tirèrent des bombes dès que notre artillerie leur eut fait abandonner la tranchée, et notre feu fut dirigé ensuite sur les ouvrages et à l'endroit où paroissoit être leur batterie, qui étoit couverte de broussailles. L'on jugea qu'on y avoit fait quelques dommages par l'interruption de leur feu. Enfin le nôtre retardoit tellement l'avancement de leurs travaux que leur première parallèle qui n'avoit au plus que cent cinquante toises, étoit encore imparfaite. Cependant ils avoient travaillé la nuit à la déboucher par le centre, en avançant deux zigzags qui n'étoient qu'ébauchés. Nos ouvrages ne se faisoient aussi qu'avec la lenteur et la répugnance la plus insupportable, et tout ce qui pouvoit contribuer à tirer le siège en longueur, n'étoit regardé que comme des choses propres à augmenter la perte du monde, sans vouloir absolument envisager aucun des bons effets qu'ils pouvoient produire. Ainsi on peut juger par là de toutes les contradictions et de toutes les difficultés insurmontables qu'ont eues ceux qui pouvoient désirer de multiplier les obstacles aux ennemis et leur disputer le terrain pied à pied.

Les sorties consécutives n'avoient encore réussi qu'à faire un prisonnier, qui ne dédommageoit point du préjudice qu'elles causoient à nos ouvrages en tenant continuellement de nombreux détachements dehors. Voyant les esprits si mal disposés, il étoit facile de juger du sort de la place. Sa conservation ne dépendoit donc plus que d'un prompt secours du Canada (foible ressource) qui ne pouvoit être que fort lent, dépendant d'ailleurs du vent et autres inconvénients, ce qui faisoit qu'on n'y comptoit point du tout. Il nous déserta un soldat; on ne dut point en être surpris, l'ayant fait sortir de prison où il étoit depuis longtemps pour être coupable de viol et d'autres mauvaises actions.

Les Acadiens ne s'occupoient plus qu'à prendre des précautions pour se garantir des bombes en se fourrant dans les casemates, quoiqu'il n'y en eût qu'un des leurs de tué dans cette journée. Cela occasionna du tumulte parmi eux. Les principaux les plus considérés portèrent la parole pour tous les autres et représentèrent que, puisqu'ils n'avoient point d'espoir de secours, il n'y avoit plus moyen de résister à tant de forces et qu'ils ne vouloient pas se sacrifier inutilement, ne pouvant sauver la place, mais plutôt nous abandonner. On prétend même qu'ils dirent encore quelque chose de pis ; ce qui donna lieu à un conseil de guerre, où il fut délibéré qu'il seroit publié à ces habitants une ordonnance par laquelle il leur étoit défendu de faire de semblables propositions, ou de vouloir abandonner le fort sous peine d'être passés par les armes, et, outre cela, d'avoir leurs biens et terres confisqués. Malgré le peu de courage de la plupart de ces habitants, je suis porté à croire qu'ils étoient mal inspirés par des gens qui se soucioient peu de la perte de ce poste. Notre feu tourmenta sans relâche la tête de la tranchée de l'ennemi, de manière qu'il ne pouvoit avancer ; et il est aisé de juger de là combien de perte de temps et de monde il auroit été obligé de sacrifier pour parvenir seulement à établir une batterie de canons capable de nous incommoder, si nos travaux avoient été poussés avec vigueur.

Du 15 au 16 juin. — On entendit pendant la nuit quelques décharges de mousqueterie. On ne douta point que ce ne fussent les sauvages abénaquis avec quelques Acadiens qui attaquoient quelque garde avancée du camp ; ce qui tint les ennemis en alarme toute la nuit et les empêcha de faire aucun ouvrage.

Le 16 juin. — A la pointe du jour, les ennemis entrèrent dans les retranchements pour y travailler, où ils ne purent tenir longtemps ; notre canon les en chassa bientôt.

Ils nous jetèrent, sur les neuf heures, des bombes, dont il y en eut une qui enfonça positivement le souterrain où étoit l'officier anglois prisonnier. Il y fut tué avec un officier de la garnison et deux autres personnes ;

il y en eut aussi de blessés légèrement. Le coup augmenta le désordre qui étoit dans la place ; les habitants vinrent trouver en foule le commandant pour demander à capituler, disant que, si on étoit contraire à la résolution qu'ils avoient prise à ce sujet, ils ne respecteroient plus la garnison, dont ils ne craignoient point les menaces, qu'ils tourneroient leurs armes contre les officiers et les troupes et livreroient le fort aux Anglois. J'étois sur la batterie et je ne fus point témoin de ce tumulte. Le commandant fit assembler les officiers pour prendre un parti convenable à l'état où il se trouvoit. Il me demanda pour lors si le souterrain où étoient les poudres étoit à l'abri des grosses bombes ; je lui dis que oui, quoique la violence du choc des bombes excèderoit même celle de nos bombes ordinaires de douze pouces, contre lesquelles le souterrain avoit été fait pour résister ; qu'une des plus grosses bombes que les ennemis pourroient avoir ne pourroit l'enfoncer, si par hasard il en tomboit dessus ; mais que, si on ne réparoit les dommages qu'elle pourroit faire, je n'en répondois point s'il en tomboit d'autres directement au même endroit.

Il y a lieu de croire que toute l'assemblée, ayant vu que le souterrain qu'elle prétendoit être le plus capable de résister aux bombes avoit été enfoncé, pensoit que celui où étoient les poudres, étoit encore bien moins à l'abri ; que, si je me trouvois en contradiction avec eux, c'étoit par entêtement, et que je pensois comme eux. Il est vrai que si cela eût été, je n'aurois pas parlé autrement.

Ils se prévinrent tellement de cette idée, qu'il paroissoit par la plus grande partie des opinions que la raison la plus particulière qui les déterminoit à entrer en pourparlers avec l'Anglois, étoit parce que les poudres n'étoient pas en sûreté ; qu'il n'y avoit aucun endroit du fort qui fût à l'abri des.bombes ; que celle qui avoit enfoncé le souterrain, avoit renversé une courtine au long de laquelle régnoit ce logement ; que la garnison étoit trop foible pour en imposer aux menaces des habitants ; que ce fort d'ailleurs n'étoit pas capable de la moindre défense ; qu'il n'y avoit pas espérance de secours, encore moins de sauver la place, et qu'il falloit du moins sauver la garnison et tâcher de lui obtenir des conditions honorables, à quoi on ne pourroit pas s'attendre si on différoit à le demander ; que l'ennemi, qui sauroit notre situation, n'en voudroit faire que de très mauvaises ; qu'il nous faudroit toujours succomber ; que ce seroit trop risquer si on vouloit s'opiniâtrer à pousser la défense plus loin ; que ce poste n'a été établi que pour protéger les habitants ; que, malgré leur mauvaise conduite, le commandant a cru aussi devoir un peu sacrifier de sa gloire pour leur bonheur et tranquillité et pour répondre aux vues de la cour.

Monsieur le commandant chargea M. de Vannes d'une lettre pour celui de l'armée angloise, où il demandoit une suspension de tout acte d'hostilité de quarante-huit heures pour se déterminer. On envoya en conséquence des ordres aux détachements qui étoient dehors de se tenir tranquilles.

Le commandant anglois répondit que, si on étoit porté à la capitulation, il donneroit des termes honorables, pourvu qu'il n'y eût point de temps perdu en envoyant ces termes et en changeant les otages ; et qu'à cet effet, il nous donnoit jusqu'à deux heures de l'après-midi.

On délibéra dans le conseil de guerre qu'il falloit régler les articles suivants de capitulation :

1er ARTICLE

Monsieur le commandant, officiers, état-major, employés pour le Roi et la garnison de Beauséjour sortiront armes, bagages, tambour battant, mèche allumée.

2e ARTICLE

Le commandant aura à la tête de la garnison six pièces de canon du plus gros calibre, un mortier et cinquante coups de poudre pour chaque pièce.

3e ARTICLE

Il sera fourni par Sa Majesté Britannique les vivres nécessaires pour le transport de ce poste à la Baie-Verte, où la garnison s'embarquera dans ses bâtiments pour aller où bon lui semblera.

4e ARTICLE

La garnison emportera deux cents quarts de farine et cent de lard.

5ᵉ ARTICLE

Il sera accordé le temps nécessaire à la garnison pour passer de ce poste à la Baie-Verte, et de la Baie-Verte à sa destination.

6ᵉ ARTICLE

Les Acadiens ne seront point inquiétés pour avoir pris les armes, d'autant qu'ils y ont été forcés sous peine de la vie, et il ne leur sera fait aucun dommage.

7ᵉ ARTICLE

Il sera libre aux Acadiens de vivre dans leur religion, d'avoir des prêtres, et il ne leur sera fait aucune violence.

8ᵉ ARTICLE

Il sera permis aux Acadiens qui le voudront, de se retirer sur les terres du roi de France, et ils auront un an à prendre ce parti, à compter du jour de la présente capitulation.

9ᵉ ARTICLE

Les François pourront fournir aux Acadiens pour se retirer pendant le cours de cette année [tout ce qui leur sera nécessaire].

10ᵉ ARTICLE

Tous les articles de capitulation qui pourront être obliqués d'une manière obscure, seront interprétés à l'avantage des François et exécutés de bonne foi.

Ces articles furent envoyés au commandant anglois, avec une lettre par laquelle il lui mandoit que M. Rouilly resteroit chez lui en otage, à la place de celui qu'il lui enverroit de son côté.

M. de Vannes ne fut de retour au fort que sur les six heures du soir. Il amena un officier anglois pour changer l'otage.

Le commandant anglois envoya les termes et conditions que les ordres de son général lui permettoient de donner, et assura que si on les acceptoit, la garnison seroit traitée avec l'honneur le plus distingué.

L'on assembla le conseil de guerre et l'on fit la lecture de la lettre et des conditions suivantes :

1er ARTICLE

Monsieur le commandant, état-major, employés pour le Roi et la garnison de Beauséjour sortiront armes, bagages, tambour battant.

2e ARTICLE

La garnison sera envoyée directement à Louisbourg aux dépens du roi de la Grande-Bretagne.

3e ARTICLE

La garnison aura suffisamment des provisions jusqu'à Louisbourg.

4ᵉ ARTICLE

Pour les Acadiens, comme ils ont été forcés de prendre les armes sous peine de la vie, ils seront pardonnés pour le parti qu'ils viennent de prendre.

5ᵉ ARTICLE

La garnison ne portera point les armes en Amérique pendant le terme de six mois.

Les termes ci-devant ne sont accordés que sous condition que la garnison sera rendue aux troupes de la Grande-Bretagne à sept heures après-midi.

On délibéra dans le conseil de guerre que l'on récriroit pour demander le temps de la réflexion.

M. de Vannes fut porter une lettre à l'armée angloise qui contenoit que, n'étant pas possible à notre commandant de rien régler dans une demi-heure qu'il lui restoit, il demandoit jusqu'au lendemain matin.

M. de Vannes rapporta cette lettre, qu'il n'avoit pas eu le temps de faire parvenir au commandant anglois. Celui qui commandoit à la tranchée, lui ayant montré un ordre, recommença son feu sur le fort à sept heures, et nous demanda de retirer son otage et de reprendre le nôtre.

Le conseil de guerre étant assemblé, presque tous les avis tendirent à accepter la capitulation, voyant l'impossibilité de recevoir du secours, la lettre de M. de Drucour, la foiblesse de la garnison et le peu de sûreté des casemates, surtout de la poudrière, etc.

Monsieur le commandant, les officiers et la garnison signèrent la capitulation le 16 juin 1755.

Les Anglois prirent possession du fort le quatrième jour de l'ouverture de la tranchée à sept heures et demie du soir. Leurs troupes passèrent la nuit sous les armes et ne touchèrent point aux marchandises et effets du Roi répandus dans la place, tous les bâtiments étant rasés ; mais, lorsqu'ils virent piller nos propres gens, les officiers anglois ne purent plus en empêcher les leurs ; ils en mirent cependant une partie en sûreté. Notre garnison en sortit le lendemain pour s'embarquer sur des bâtiments de transport pour aller à Louisbourg.

Le commandant anglois écrivit à celui de Gaspareau situé dans la Baie-Verte pour lui offrir et à sa garnison, qui étoit composée de vingt hommes, les conditions accordées au commandant de Beauséjour, ce qui fut accepté par le défaut de réflexion.

Nous eûmes deux de nos plus gros canons de fendus, dont un l'étoit depuis la bouche jusqu'à la distance d'environ six pouces des tourillons, et l'autre pièce, de la bouche jusqu'à la moitié de la volée. Ces pièces étoient tirées fort souvent inutilement, malgré que j'étois attentif à économiser les munitions ; mais les canonniers recevoient les ordres de tirer. Les canons étoient aussi fort mangés de rouille, qui ronge et qui en fait écailler l'âme et diminuer la force du métal. Nous n'avons pas pu savoir à combien s'est montée la perte des Anglois ; on sut seulement qu'un de leurs ingénieurs avoit eu une cuisse coupée d'un boulet de canon en traçant leurs lignes, que nos canons, tirés à ricochet, les avoient beaucoup incommodés dans leur batterie de mortiers, ayant négligé d'y faire un bon épaulement, étant *fâcé* sans des enfoncements et couvert de broussailles, et que deux de leurs mortiers avoient été cassés par notre canon *(sic)*.

Etat des tués et blessés

Tués :	Blessés :
1 M. Raimbault, officier de l'Ile-Royale, par la bombe.	1 M. de Bailleul d'un coup de fusil.
1 Soldat tué au retranchement par le canon.	2 Habitants.
1 Le sieur Fermand, interprète, par la bombe.	2 Soldats, d'une simple contusion des éclats des bombes.
1 M. Billy, commis, ci-devant officier, par la bombe.	2 M. de Saint-Laurent et M. de Montarville, blessés légèrement dans le souterrain enfoncé, d'une contusion occasionnée par le fracas d'une bombe.
3 Acadiens, dont deux par la bombe.	
1 François dans une escarmouche.	
1 Chef sauvage abénaquis.	
1 Officier anglois.	
10	7

Voilà à peu près ce qui s'est passé dans l'attaque de ce malheureux poste. Si j'ai omis quelques circonstances, c'est qu'elles sont peu importantes. Il y a eu quelques journaux de faits après la reddition qui sont peu exacts ; la plus grande partie du détail n'est que des faits supposés, où les choses sont rapportées dans un sens tout différent qu'elles se sont passées. Mais des gens capables de réflexion qui les ont vus, les ont soupçonnés d'infidélité, en s'arrêtant sur l'article où il est dit que la raison qui a le plus accéléré la reddition de ce fort, étoit la mauvaise construction des ouvrages qui n'étoient pas capables de la moindre résistance à quelque attaque que ce fût. L'on a pensé que si l'accès en eût été aussi facile qu'on vouloit le faire entendre, les Anglois qui en connoissoient le fort et le foible, tant par rapport à ses ouvrages qu'à la situation du lieu, et qui en avoient un plan exact, sur lequel ils ont déterminé le projet d'attaque, à Halifax, auroient épargné bien des dépenses et des précautions.

D'un autre côté, le peu de progrès des assiégeants lorsqu'ils ont été devant cette place, dont le feu les tenoit toujours éloignés, et qui n'avoient pas gagné un pouce de terrain dans quatre jours de tranchée ouverte pour approcher de nos palissades, ni pu établir une seule batterie de canon, sans compter toutes les difficultés qu'ils auroient eues si nous eussions bien employé le temps et les hommes pour les leur augmenter, fait voir qu'il y a bien des choses dans tout ce qui a été dit et écrit au sujet de l'attaque et de la défense de ce fort qui sont fort suspectes.

Il y a des gens qui ont cru devoir prévenir le public que, si ce fort s'est rendu si tôt, ce n'est que parce qu'il n'étoit pas possible d'en pousser la défense plus loin. Cette espèce de justification pour les défenseurs de Beauséjour me paroît déplacée; et, supposé qu'ils en eussent besoin pour détruire de faux préjugés, on ne réussiroit qu'en disant des choses vraisemblables, et non en voulant persuader que nous ne pouvions résister un instant dans le fort. Quand bien même nous n'aurions eu qu'une simple palissade pour défense, l'on nous reprocheroit toujours le temps que nous avons perdu pour nous fortifier et nous mettre en état de faire une vigoureuse résistance, et nous avons plus manqué d'habileté dans cette occasion que de courage. Le courage seul ne suffit pas dans les actions de défensive ; elles demandent de l'intelligence, des peines, des soins et des fatigues continuelles et plus d'adresse, et d'intrépidité que dans la guerre offensive, et l'on doit toujours se trouver extrêmement malheureux d'être obligé de céder à son ennemi après avoir fait tout ce qu'on peut pour lui résister. Tout ce qui peut consoler celui qui aime son métier, c'est qu'il acquiert toujours de l'expérience et se met en état de mieux faire dans d'autres occasions. Ce sont là mes espérances.

Articles comprenant une description de l'état où étoient les différents forts établis sur l'isthme entre la Baie-Verte et la Baie-Françoise, qui joint aux terres du Canada la presqu'île dont l'Acadie fait partie ; et quel étoit l'objet de ces forts, avec un examen des défenses dont ils étoient capables, lorsque les Anglois sont venus pour les assiéger.

FORT DE BEAUSÉJOUR

En juillet 1750, on commença à établir ce fort sur une hauteur, à quatorze cent cinquante toises de celui des Anglois. Le terrain qui est entre cet établissement

et le nôtre, est un marais impraticable, et il y a une
rivière qui nous séparoit et que nous considérions nous
servir de limites. Cette rivière passe à trois cents toises
du fort anglois.

L'enceinte du fort de Beauséjour fut construite en
piquets et de la figure d'un pentagone ; le côté extérieur
de chacun des fronts étoit de trente et une toises ; la
face des bastions, de neuf; les flancs, de trois, et la
courtine de onze. Toutes les parties ne sont pas parfaitement égales, non plus que les angles qu'elles forment.

La hauteur sur laquelle il est situé, pend de près de
cent pieds, rampe douce, sur quatre côtés de ce fort, et,
en face du cinquième, cette hauteur s'allonge en remontant d'environ deux pieds par cent toises, jusqu'à la
plus grande élévation qui se trouve de quatre cent
cinquante toises loin du fort, où la hauteur va en
rabaissant.

Il y a apparence que le peu de capacité que l'on a
donné à ce fort, vient de ce que les Canadiens, quand
ils le commencèrent, n'avoient d'autre dessein que d'y
tenir un petit détachement. Cependant, Monsieur le
général du Canada envoya de l'artillerie et donna ordre
de le mettre à l'abri d'insulte par un coup de main,
seule attaque dont on croyoit ce poste susceptible. On
ouvrit un fossé de dix-huit pieds de largeur par en haut
et six pieds de profondeur avec un talus qui réduisoit
le fond à six pieds. Des terres en provenant, on releva
la berme que l'on avoit laissée entre l'enceinte et l'excavation de la largeur de six pieds, et le sommet de la
contrescarpe, avec un revers en glacis. On releva,
derrière les piquets qui servoient de revêtement à l'en-

ceinte, un petit rempart composé d'un parapet de terrasse de trois pieds d'épaisseur au sommet, d'une banquette, d'un terre-plein de cinq pieds de large par en haut et neuf de hauteur au-dessus des niveaux du rez-de-chaussée, dans lequel on pratiqua des souterrains régnant le long des courtines, pour mettre les munitions de guerre à l'abri d'incendie, afin que, si les bâtiments que renfermoit le fort, qui sont de bois et serrés les uns les autres, venoient à prendre en feu, soit par hasard ou de dessein prémédité de quelque trahison, que les vents fréquents et impétueux auroient rendu difficile à arrêter, il n'occasionnât point d'autre accident, les munitions les plus précieuses pour la conservation étant dans de petits logements enveloppés dans le terre-plein ; car c'étoit l'unique moyen par lequel on pouvoit les mettre en sûreté, ne pouvant faire aucun ouvrage de maçonnerie dans le pays par défaut de pierre et de chaux.

Enfin on fit tous les ouvrages relativement à la défense dont on vouloit le rendre capable, et ils étoient fort avancés lorsqu'on fut obligé de faire des augmentations de travaux et de changer une partie des dispositions de ce qui étoit fait, pour renforcer la partie de l'enceinte la plus exposée à la campagne, afin qu'elle pût résister à l'artillerie, sans pourtant se déranger de cette construction, autant qu'il étoit possible.

En juin 1752, Monsieur le commandant ayant eu avis que les Anglois avoient résolu de nous chasser de notre établissement sur cette frontière, que, dans ce dessein, ils armoient à Halifax, on travailla à la hâte à ces nouveaux ouvrages, disposés selon les vues d'une défense relative au temps et à la situation du lieu, en renforçant de préférence le front de la face à la prolongation de la hauteur sur laquelle ce fort est situé, et où l'ennemi pouvoit employer son artillerie avec succès (l'attaque des autres côtés n'étoit pas praticable ne pouvant être battu que de bas en haut), en élevant extérieurement un rempart par couches de bois et de terre battue, avec un parapet de quinze pieds d'épaisseur au sommet. Ce travail se faisoit sur les faces des bastions qui étoient prolongés de six pieds au delà de l'angle de l'épaule, en forme d'oreillon qui couvroit les flancs voisins de la porte. Cette porte fut couverte d'un redan en forme de demi-lune, faite aussi de bois et de terre.

L'on ne put également renforcer la courtine et les flancs plus que le profil qu'on leur avoit donné. L'espace qui étoit entre les bâtiments et l'enceinte ne permettoit pas d'augmenter l'épaisseur du rempart, et l'on auroit été obligé de détruire ce qui avoit été fait.

L'on travailla aussi à construire des logements souterrains faits de grosses pièces de charpentes de douze à quatorze pouces d'équarrissage, de bois de *pruche*, qui se conserve longtemps enterré, travaillé avec beaucoup de solidité.

La couverture double fut faite également des mêmes pièces, terminées en dos d'âne, et d'autres à plate-bande pour avoir plus tôt fait, bien étayée par des rangs de piliers coiffés de grosses pièces sur lesquels reposoit cette couverture, qui fut recouverte de six ou sept pieds de terre bien battue entremêlée de couches de bois, afin que les munitions de guerre, et même les blessés, en cas d'affaire, pussent être à l'abri des bombes. L'on releva des plates-formes sur les angles, flanquées des

bastions qui étoient pleins, afin de tirer à barbette.
Tous les ouvrages se faisoient précipitamment; mais,
en juillet, le commandant ayant reçu d'autres nouvelles
de se tranquilliser sur cette prétendue attaque, licencia
tous les ouvriers qui étoient les habitants du pays et
qui avoient interrompu leurs travaux particuliers pour
faire ceux de ce fort et le défendre.

Depuis ce temps-là, on a continué ces ouvrages suivant ces dernières dispositions; mais ils ne se faisoient
qu'avec la lenteur la plus insupportable, par la difficulté
qu'il y avoit de jouir des hommes dans le pays, et ce
qui avoit été projeté de faire à ce fort, tant pour sa
défense que pour la commodité de la garnison, n'étoit
pas encore perfectionné, lorsque les Anglois sont venus
pour l'assiéger.

Les principaux ouvrages qui pouvoient en rendre
l'accès difficile étoient cependant achevés. Son rempart
étoit revêtu de gazons bien fraisés au niveau du terre-
plein; son fossé étoit encore imparfait; mais il y avoit
une bonne palissade au delà du fossé, parallèle à la
contrescarpe, et, au dehors de cette palissade, l'on avoit
rapporté des terres arrangées en glacis, formant un parapet en dessus du terre-plein d'un petit chemin couvert.
Enfin on peut juger par les ouvrages qui n'étoient faits
que par sauts et par bonds, et par la capacité de cette
forteresse, de la défense dont elle pouvoit être capable.
Son artillerie pouvoit se monter à vingt-six pièces, dont
six de douze livres de balles, quatre de huit livres, quatorze de six livres et deux de trois livres. Son feu
étoit dirigé de toutes parts, mais particulièrement sur
la prolongation de la hauteur. Sa garnison consistoit

en cent trente soldats de troupes réglées ; et cette petite forteresse, par la situation du terrain tout à fait avantageux, n'étoit susceptible que d'une seule attaque, et a obligé nos voisins à des dépenses considérables et à une grande préparation de siège pour s'en rendre maîtres, ce qui pouvoit donner le temps d'être secouru. Quand les agresseurs ont résolu de nous attaquer, ils avoient fait l'examen de la défense que ce fort pouvoit faire ; ils en étoient à portée ; ils eurent même un plan exact du fort et des environs. Outre la connoissance qu'ils avoient de la distribution des fortifications, ils en avoient une parfaite de la nature du travail ; et sur le plan fut arrêté, dans un conseil de guerre à Halifax, le projet de l'attaque, où ils employèrent trente-deux pièces de 18 et de 24, sans compter les pièces de campagne, vingt-deux mortiers, depuis six pouces de diamètre jusqu'à quatorze, et toutes les choses nécessaires pour faire un siège en règle.

L'objet de ce fort étoit de contenir les Anglois, qui avançoient toujours et empiétoient de plus en plus sur les terres du Canada.

FORT DE GASPAREAU

Dans la Baie-Verte

Ce fort est situé dans la Baie-Verte, à cinq lieues et demie de Beauséjour, sur le bord de la mer, à l'embouchure de la rivière dont il porte le nom, sur un terrain uni. Ce fort, dont les côtés extérieurs ont dix-neuf toises, de forme carrée, est construit en bois et flanqué de

4

quatre tours de charpentes placées sur les angles. Ces tours avoient un pentagone pour base, elles avoient un étage au-dessus du rez-de-chaussée, où l'on place de la petite artillerie, et cet étage fait une saillie de deux pieds sur celle du rez-de-chaussée, où l'on a pratiqué des machicoulis pour en défendre le pied.

Les côtés des *hautots* et des *barres* sont accompagnés de crénaux, les courtines sont des piquets, derrière lesquels règne une banquette volante pour élever les mousquetaires qui pouvoient voir à tirer par des créneaux pratiqués au travers des piquets. L'on avoit ouvert un fossé (en baissant une berme entre les piquets et l'excavation) de la profondeur de quinze pieds par en haut, réduite à cinq en bas par le talus naturel des terres. Celles qui en provenoient ont relevé la berme et la contrescarpe avec un talus en prolongation de celui du fossé, les terres jetées en la contrescarpe étant rangées en glacis; et l'on devoit ajouter à cette construction une palissade plantée dans le fond du fossé, avec un pont-levis à la porte; mais les ouvrages n'étoient encore qu'imparfaits lorsque Beauséjour fut assiégé. Son artillerie consistoit en quatre pièces de 4 et huit de huit onces de balles, et sa garnison en vingt à vingt-cinq hommes. L'objet de ce fort étoit de servir d'entrepôt aux denrées et marchandises qui venoient par mer du Canada et de Louisbourg, pour l'approvisionnement des différents postes établis sur cette frontière. Ce même fort renferme un magasin pour recevoir les déchargements des bâtiments, un petit magasin à poudre, une boulangerie et un logement pour le commandant et les autres officiers qui y étoient en garnison. Les soldats étoient logés dans les tours et on avoit commencé un nouveau magasin pour les munitions de guerre.

FORT DE PONT—À--BUOT

Ce fort est situé à une lieue de Beauséjour, sur le bord de la rivière de Missagouetche, qui séparoit nos établissements de celui des Anglois.

Ce fort, qui ne méritoit pas d'en porter le nom par sa figure sans forme ni flancs et fait de piquets mal assurés, ne renfermoit pas seulement le corps de garde des soldats ni de l'officier qui y commandoit une petite garde de dix à quinze hommes qui étoient logés en dehors. Cependant l'objet de ce fort étoit de défendre le passage de la rivière aux Anglois et d'assurer la communication de Beauséjour à la Baie-Verte par la rivière, par où l'on voituroit les vivres avec des canots qui alloient charger près de la source de cette rivière, qui est à environ deux lieues et demie de la Baie-Verte, où l'on avoit un magasin que l'on appeloit l'Entrepôt-du-Portage, et où l'on embarquoit les provisions qui venoient décharger au Pont-à-Buot dans un autre magasin proche du fort ; ensuite on les voituroit avec des charrois à Beauséjour.

Ce fort a été rasé la veille que les Anglois firent le passage de la rivière.

HIVER DE 1755 A 1756 *

Journal de la campagne de M. de Léry †, commandant du détachement que M. le marquis de Vaudreuil s'est déterminé d'envoyer sur les forts remplis de vivres et de munitions de guerre destinés pour l'entreprise que les Anglois ont médité de faire, cette année, sur Niagara et Frontenac.

Après plusieurs nouvelles qui apprenoient à M. le marquis de Vaudreuil que les deux forts, qui sont aux deux extrémités du portage qui conduit de Corlar à la rivière, qui est celle même qu'on traverse au fort de Chouaguen, étoient deux entrepôts, où les Anglois faisoient de grands amas des choses nécessaires pour leur projet de prendre le Canada, il décida qu'il devoit tenter presque l'impossible pour s'opposer de bonne heure à la marche de nos ennemis. On verra par la suite de ce journal, qu'il y avoit une impossibilité apparente de pouvoir seconder ses vues par la longueur du

---

* Ce journal n'est pas signé ; mais on sait par le *Journal de Montcalm* qu'il a été écrit par M. de Charly, major du détachement. Cf. ce *Journal* avec celui de Montcalm qui en donne un résumé, p. 114, et avec le récit de la même expédition dans les *Mémoires sur le Canada*, p. 70.—N. DE L'ÉD.

† M. de Léry, issu d'une des familles nobles de la Nouvelle-France, était lieutenant dans les troupes de la colonie. C'était un officier d'une rare bravoure qui se distingua dans plusieurs expéditions.

chemin qu'il nous falloit faire à pied, les vivres sur le dos, l'inconstance des sauvages qui chaque jour nous menaçoient de nous abandonner, et les mauvais temps de la saison d'hiver qui devoient faire un très grand obstacle à notre marche. Malgré tout, le départ est fixé au 24 février.

Le 24 février. — Le détachement s'étant rendu à Lachine, M. le marquis de Vaudreuil s'y rendit aussi avec plusieurs officiers qui lui firent compagnie ; il le passa en revue, visita les armes et renvoya les soldats ou habitants qui lui parurent trop foibles pour un voyage de cette nature ou n'avoir pas assez de volonté. Il en revint le soir très satisfait de l'envie et du zèle de toute la troupe, des officiers surtout, qui se montrèrent déterminés à tout entreprendre.

Le 25. — Il fit un si grand froid qu'il ne fut pas possible de prendre son parti sur l'embarras douteux d'aller à pied ou en bateaux à la Présentation, où étoit marquée l'assemblée générale des sauvages qui devoient être des nôtres.

Le 26. — Le froid ayant encore augmenté la nuit du 25 au 26, nous jugeâmes le matin qu'il étoit impossible de commencer la route autrement qu'à pied. Comme major du détachement, par ordre de M. de Léry, notre commandant, je fis charger les traînes. Nous partîmes et vînmes coucher à la Pointe-Claire, trois lieues au-dessus. Le soir, M. de Langy, officier des troupes de la marine, alla au Sault-Saint-Louis assister au festin de guerre que les sauvages de ce village faisoient avant que de partir. Il eut ordre de nous rejoindre le plus tôt qu'il pourroit. On envoya aussi un courrier au

village des Deux-Montagnes pour avertir les sauvages
que nous devions les attendre au fort de la Présentation,
et qu'ils n'avoient qu'à s'y rendre.

Le 27. — Nous avons marché avec beaucoup de
peine, faute de neige, et nous nous sommes rendus au
côteau des Cèdres, où M. Varin avoit assuré que nous
trouverions nos vivres rendus pour la dite route. Nous
avons été très surpris à notre arrivée de n'en trouver
pas même suffisamment pour donner le prêt ce jour-là.
Sur le rapport que j'en ai fait à M. de Léry, il a fait
partir M. de la Saussaye, officier, pour en rendre compte
à Monsieur le général. Ce même jour, sur les quatre
heures, après le départ de l'officier, il nous est arrivé
dans des voitures une partie des vivres et de l'équipement pour notre détachement. J'ai fait sur-le-champ
la distribution du tout. Quelques heures après, nous
avons appris par un sergent de nos troupes que les
bateaux chargés de vivres qui nous précédoient et que
nous comptions déjà rendus, se trouvoient arrêtés et
pris dans les glaces, sans qu'il fût possible de les en
tirer. Il étoit pourtant nécessaire qu'ils se rendissent,
sans quoi nous ne pouvions point partir de la Présentation, puisqu'ils étoient chargés de tous nos vivres. Le
sergent est parti subitement pour donner avis de ce
contretemps à Monsieur le général, et nous serons à
l'ancre jusqu'à son retour, dans l'incertitude du parti
qu'il y a à prendre.

Le 28. — J'ai fait délivrer le reste du corps de réserve
et disposé notre départ pour le lendemain.

Le 29. — Nous serions tous partis des Cèdres, dont le
séjour commençoit à nous ennuyer beaucoup, d'autant

plus que les vivres qui s'y consumoient inutilement ne pourroient se réparer, si nous n'avions été rejoints par M. de Langy qui nous conduisoit vingt-cinq Iroquois du Lac qui demandèrent à passer le jour pour se préparer au voyage. On ne les refusa pas, et nous sommes obligés d'attendre que le cérémonial soit fini pour achever le décampement. M. de Léry profite de ce retardement pour leur faire dire par l'interprète, au moyen d'un collier, qu'il les attache immuablement à sa volonté, qui est celle de leur père, et qu'il attend d'eux qu'ils surmonteront avec lui tous les obstacles qu'ils rencontreront dans leur marche. Nous avons été très contents de leur réponse ; mais, à la première occasion, on va voir qu'ils oublièrent tout.

A sept heures du soir, sont arrivés M. Langy et le sergent qui conduisoient quarante Canadiens avec plusieurs traînes, pour en réparer plusieurs des nôtres qui étoient déjà hors d'état de servir après deux jours de marche seulement. Dans le même instant, l'officier commandant la première division qui étoit parti le matin, nous fit savoir par un courrier qu'il a trouvé de si mauvais chemins, qu'il a jugé à propos de ne pas avancer plus loin, jusqu'à ce que M. de Léry voie par lui-même la vérité des choses. Mais la lettre de Monsieur le général, dont est chargé M. de la Saussaye, ne lui permettra pas de rien examiner ; il l'engage à surmonter tous les obstacles. Nous l'avons fait, contre toutes les apparences de réussir.

Le 1er mars. — MM. de Léry, de Montigny et moi, et le reste du détachement, avons parti à une heure après-midi, et, malgré beaucoup de pluie qu'il a fait tout le jour, nous avons arrivé à la rivière au Baudet dans le lac Saint - François. Chemin faisant, nous trouvions partout les débris des traînes cassées de la division qui nous précédoit, à qui M. de Trégarois donne ordre de partir. Nous avons estimé cette journée de six lieues.

Le 2. — On a envoyé un sauvage et deux Canadiens de la Présentation pour prévenir de l'arrivée du détachement qui est venu coucher ce soir au-dessus de la pointe Maline (Maligne).

Le 3. — Le détachement s'est rendu aux Mille-Roches, où on l'a employé à traîner sur les glaces, à force de bras, les bateaux chargés jusques au pied du Long-Sault, où la navigation étoit libre. Les Abénaquis ont rapporté que les Anglois avoient voulu engager les Cinq-Nations à prendre la hache, en leur présentant un collier de porcelaine noire, et qu'elles l'avoient refusé.

Le 4. — Le détachement n'a pu faire que quatre lieues, à cause des glaces, et a campé vis-à-vis l'Ile-au-Chat.

Le 5. — On a fait quatre lieues et on s'est rendu au-dessus du Rapide-Plat.

Le 6. — Le détachement s'est rendu vis-à-vis le fort de la Présentation, et M. de Léry s'y est rendu sur l'invitation des sauvages d'assister à leur festin de guerre.

Le 7. — On s'est servi de bateaux pour traverser le détachement du côté du fort, et on l'a fait camper un peu plus haut, le long de la petite rivière de Chouaguen, qui donne le nom au village que les sauvages ont sous le canon du fort. M. de Léry, ayant assemblé les sauvages, les a harangués. Ils lui promirent de le suivre.

Le 8. — [Ce jour] fut employé à distribuer les munitions, former des compagnies, ainsi qu'un ordre de marche et de bataille.

Le 9. — M. de Léry fit la revue générale du détachement. Comme on alloit partir, il est arrivé dix Iroquois de la Présentation, qui revenoient de Chouaguen, avec neuf prisonniers anglois. Leur déposition étoit conforme à celle de l'Onéyout qui avoit déterminé le projet de Monsieur le général sur le fort. Les sauvages du Lac, les Algonquins et Népissings, ont joint.

Le 10. — Distributions de vivres, festin général des sauvages.

Le 11. — Les soldats et miliciens ont été camper à une lieue et demie du fort.

Le 12. — Le détachement réuni avec les sauvages a campé à trois lieues du fort, le long de la rivière de Chouegalsy.

Le 13. — On a séjourné, parce que deux Iroquois sont venus avertir qu'il arrivoit un Onontagué qu'il soupçonnoit d'être espion. On l'a interrogé ; on a fait la visite des vivres, et on s'est aperçu que quelques soldats et miliciens avoient laissé partie de leurs vivres au camp. Il fallut les y ramener pour les prendre. Plusieurs officiers voulurent traverser la petite rivière sur des patins, ils pensèrent se noyer ; le fils de Réaume, officier de milice, y périt. On obligea MM. de Cournoyer et de Richerville de quitter le détachement, étant incommodés.

Le 14. — On fit trois lieues par un très mauvais temps. Les sauvages vouloient renoncer à l'entreprise ; on leur dit qu'on se passeroit d'eux. La nuit du 14 au 15, deux sauvages de la Présentation arrivèrent pour apprendre l'incendie de dix cabanes de leur village. Tous les sauvages vouloient relâcher. M. de Léry essuya leurs larmes, assura qu'Ononthio rétabliroit les cabanes. Les autres nations s'en rendirent caution, et, sur cela, il ne relâcha que vingt sauvages.

Le 15. — Séjour à cause du mauvais temps. Les sauvages ayant proposé de revenir après l'expédition par la baie de Niaouré, M. de Léry a écrit à M. de Vaudreuil de faire trouver au fond de cette baie des rafraîchissements et des bateaux pour le retour.

Le 16. — On a continué la route le long d'un petit lac. On y a passé les charges sur des traîneaux ; on a ensuite marché dans des bois très mauvais ; on a fait six lieues, et on a campé sur le bord d'une rivière qui prend sa source à ce petit lac.

Le 17. — On ne fit que cinq lieues, et, comme on arriva de bonne heure et qu'on se trouva dans un endroit de chasse, on tua plusieurs chevreuils qu'on distribua à la troupe.

Le 18. — On fit cinq lieues, et on s'arrêta sur le bord de la rivière de Chouegalsy qu'on avoit abandonné depuis trois jours. On s'aperçut que l'Onontagué s'étoit sauvé. Les sauvages coururent après, et on l'arrêta. M. de Léry l'engagea, par deux branches de porcelaine, à promettre de ne pas s'en aller, et cependant on le fit garder à vue.

Le 19. — De la pluie et du mauvais temps qui obligèrent à séjourner. On a envoyé quelques découvreurs qui n'ont rien appris.

Le 20. — On arriva sur le midi à la rivière aux Ecorces, qui va tomber dans la baie de Niaouré. On ne put la passer qu'à la nuit, parce qu'il fallut faire des radeaux. Vingt sauvages de la Présentation ont abandonné le détachement.

Le 21. — On a fait six lieues par une mauvaise route ; rivière à traverser jusques au-dessus de la ceinture ; montagnes ercarpées.

Le 22. — Séjour, les sauvages ayant voulu tenir des conseils et proposé d'envoyer des découvreurs.

Le 23. — Dès la pointe du jour, M. de l'Espervanche est parti avec trois sauvages pour la découverte. Les sauvages vouloient séjourner et attendre son retour. On est parti à deux heures après-midi, et on a rejoint M. de l'Espervanche à quinze lieues du fort qui n'avoit vu aucune trace. On a assemblé les chefs des différents villages, et on est convenu d'envoyer une découverte jusqu'au fort.

Le 24. — MM. de Florimond et de l'Espervanche sont partis pour la découverte, dès la pointe du jour, avec dix sauvages. Le détachement est parti à deux heures après-midi. On a fait environ cinq lieues et campé au bas d'une montagne. Les vivres manquant, on a tué deux chevaux dont on a fait la distribution à la troupe.

Le 25. — Jour de la Vierge. On entendit la messe solennelle. On marcha jusqu'à midi. M. de Léry, n'ayant point de nouvelles des officiers découvreurs, fit partir Perthuis, interprète, avec cinq Iroquois, et leur donna des branches de porcelaine pour arrêter les sauvages étrangers. Les sauvages reconnurent la piste de deux chasseurs, ce qui leur fit craindre d'être découverts. Un sauvage arriva à toutes jambes dire que l'on avoit rencontré six Onéyouts. On les joignit, ainsi que les officiers découvreurs partis la veille, qui n'avoient pu faire leur découverte, parce que les sauvages les avoient égarés. M. de Léry donna trois paroles aux Onéyouts, en présence des chefs : par deux branches de porcelaine, il essuya les larmes de leurs parents qui étoient morts ; par un collier de six pieds de haut, il les engagea à n'être pas surpris de sa marche, qui n'étoit que pour leur bien et pour leur rendre des terres que les Anglois avoient usurpées ; par un autre collier en forme de hache, il les invita à se venger de l'Anglois et les assura du secours de leur père. Les Onéyouts acceptèrent les colliers, promirent de les rendre à leur village pour y parler des bonnes affaires ; ils dirent qu'ils étoient partis depuis deux jours des forts, et qu'on y attendoit le colonel Johnson.

Le 26. — Le détachement partit de bonne heure, et, après avoir fait quatre lieues, arriva sur le midi à un quart de lieue du fort. On envoya à la découverte MM. de Montigny et de Portneuf, qui rapportèrent qu'ils avoient vu les forts d'En-Haut et d'En-Bas en bon état, et qu'il passoit à tous moments des chariots de vivres ; ce qui fit d'autant plus de plaisir que le détachement n'avoit pas mangé depuis deux jours. Sur les quatre heures, il arriva un Onéyout de la part de ceux que l'on avoit vus la veille pour dire que, quoiqu'ils fussent au fort, ils ne découvriroient rien aux Anglois qu'ils ne boiroient pas, parce que les sauvages sont indiscrets dans l'ivresse ; et ils convinrent des moyens de se reconnoître avec nous, dans le cas où les Anglois voudroient les engager à nous poursuivre.

La nuit du 26 au 27, il a neigé sans discontinuer jusqu'à huit heures du matin ; le détachement a beaucoup souffert du froid.

Le 27. — Le détachement partit à huit heures du matin. A peine arrivé sur le bord du chemin, il trouva plusieurs chariots chargés de vivres qui passoient. Les sauvages s'en saisirent sans faire aucun bruit, et on fit la distribution des vivres à toute la troupe.

Les dépositions des prisonniers portèrent qu'il y avoit dans le fort du côté de Chouaguen cinquante hommes.de garnison, et quinze dans une maison vis-à-vis des bateaux, pour leur garde. Dans le fort du côté de Corlar, il y avoit cent cinquante hommes, et cent dans une île. Comme on achevoit d'écouter leur déposition, on vit venir neuf bateaux sur des chariots, et ils furent pris avec leurs conducteurs. Les Onéyouts voulurent nous quitter. M. de Léry fit donner l'absolution ; on avança en bon ordre jusqu'à deux arpents du fort, et de suite on courut se saisir des meurtrières. Une partie de la troupe fusilloit ceux qui se montroient, et d'autres, entre autres les soldats de terre, s'occupèrent à abattre les pieux et briser la porte ; ce qui fut fait au bout d'une heure de temps, malgré le feu continuel et les grenades que les ennemis jetoient. A peine étoit-on entré, qu'on s'aperçut que le feu qui avoit pris dans des maisons de l'intérieur alloit se communiquer à la poudrière ; on n'eut que le temps de se retirer à deux arpents que le feu y prit. Le fort fut entièrement rasé.

On vint camper ce même jour à une demi-lieue du fort ; l'on passa la nuit. Le grand fort ayant envoyé vingt hommes au secours ou pour avoir des nouvelles, ils furent défaits par les sauvages qui étoient restés en arrière. La perte des ennemis a été grande, et par celle du fort et par celle de l'amas considérable de vivres et munitions qu'ils y avoient. Les prisonniers ou les chevelures ont été au nombre de quatre-vingts. Nous y avons eu un soldat de la marine tué, un sauvage tué, quatre blessés, ainsi que deux soldats des troupes de terre.

Le 28. — On vint camper à cinq lieues du fort. On a appris depuis que le colonel Johnson avoit marché au secours, mais trop tard.

Le 29. — Beaucoup de neige ; on ne fit que quatre lieues.

Le 30. — On a envoyé les Abénaquis de Saint-François porter les nouvelles à M. le marquis de Vaudreuil, et on a fait six lieues.

Le 31 — Le temps fut assez beau ; on en fit huit.

Le 1er avril. — On manquoit totalement de vivres par le peu d'attention à les conserver ; on envoya trois sauvages à la baie de Niaouré, où M. de Cournoyer devoit être avec des bateaux, pour lui dire d'envoyer vingt Canadiens porter des rafraîchissements. Suivant la mauvaise coutume des Canadiens, on avoit mangé en quatre jours les vivres distribués pour huit.

Le 2. — Malgré le mauvais temps, l'envie de trouver des vivres, dont on manquoit totalement, fit faire sept lieues.

Le 3. — On fut découragé, en arrivant à la baie de Niaouré, de n'y trouver aucun bateau ; le détachement travailla à faire des cajeux pour traverser de l'autre côté, malgré la certitude morale de périr faute de vivres et de souliers. Comme on étoit dans cette triste situation, les bateaux arrivèrent ; l'on distribua les vivres, et, comme il n'y avoit pas assez de bateaux pour amener tout le détachement, M. de Léry s'embarqua avec la plus grande partie, et M. de Montigny conduisit par terre les plus ingambes, pour aller de la baie de Niaouré au fort de la Présentation.

Le 4 et le 5. — Tout le détachement partit, et celui qui descendoit par eau vint coucher à l'Ile-au-Chevreuil, où il resta dégradé par les vents contraires la journée du 5.

Le 6. — On arriva le soir au fort de la Présentation.

Le 7. — Séjour, et la portion du détachement aux ordres de M. de Montigny qui venoit par terre rejoignit.

Le 8. — L'entier détachement s'embarqua, et le vent étant favorable, on vint camper sur les dix heures du soir de l'autre côté du lac Saint-François.

Le 9. — Le détachement rentra à Montréal sur les trois heures après-midi.

—

JOURNAL DE L'EXPEDITION DE M. DE VILLIERS *

———

Le 19 mai. — Je partis de Lachine avec six cents hommes.

Le 26. — J'arrivai à la Présentation, où l'on m'appris que l'on avoit vu l'ennemi.

Le 27. — J'envoyai M. de L'Espervanche à la découverte avec des sauvages ; il vint me dire qu'il n'avoit rien vu.

———

* M. Coulon de Villiers était un des plus braves officiers de la colonie, aussi intelligent qu'infatigable. Il commandait la fameuse expédition des Mines en Acadie, où il fut blessé. Un des coups d'audace les plus remarquables dont il soit fait mention dans les annales de la Nouvelle-France, fut accompli sous son commandement. " A la tête de cinquante-cinq hommes seulement, il s'avança jusqu'à vingt lieues de Philadelphie, et prit le fort Granville, bâti sur le bord de la rivière Juniata (1756). Ce fort de cinq cents pieds carrés, flanqué de quatre bastions, muni d'artillerie, avait une garnison de soixante-quatre soldats. M. de Villiers surprit les sentinelles ; pénétra à travers les portes, l'épée à la main ; tua une partie de la garnison avec son commandant, le lieutenant Bradford ; fit le reste prisonnier, et brûla le fort ". L'ABBÉ CASGRAIN, *Montcalm et Lévis*, Vol. I, p. 162. Montcalm disait à cette occasion : " M. le chevalier de Villiers a fait, cette année-ci, une campagne très brillante ". *Montcalm à M. de La Bourdonnaye*, 20 septembre 1756.

Coulon de Villiers mourut à Québec, le 2 novembre 1757, âgé seulement de quarante-huit ans.

Le 28. — Il arriva un parti, qui arrivoit de Chouaguen avec deux prisonniers et deux chevelures, des sauvages de la Présentation ; je fus obligé d'attendre mes sauvages qui étoient derrière moi qui arrivèrent le 29.

Le 30. — Je leur fis festin.

.Le 31. — Je partis.

Le 5 juin. — J'arrivai à la baie de Niaouré ; je fis construire un petit fort pour y laisser mes vivres et ustensiles, avec un détachement commandé par M. le chevalier de Gannes.

Le 10. — Je partis du dit fort.

Le 13. — Je couchai à trois lieues de Chouaguen, j'envoyai à la découverte de MM. de Vilmomble et de l'Espervanche, cadet, qui furent au Portage, pour découvrir s'il ne descendoit pas des bateaux.

Le 15. — Ils sont arrivés, et ils m'ont dit qu'il n'y avoit point d'apparence de bateaux.

Le 16. — Je prends le parti d'attaquer Chouaguen. Je fais feu dès la pointe du jour jusqu'à midi ; les Anglois y répondent par des coups de canon et beaucoup de bombes. Je leur ai tué trente hommes, suivant l'aveu d'un prisonnier que je leur ai fait ; ils me blessèrent un soldat et un sergent. Je revins à l'Anse-aux-Cabanes, où nous nous reposâmes environ deux heures. Il parut deux berges dans le lac qui s'approchèrent de l'anse pour nous découvrir, et, quand ils furent à une certaine distance, ils nous envoyèrent leurs décharges. Nos sauvages et Canadiens tirèrent plusieurs décharges sur eux sans leur rien faire étant hors de portée.

Le 17. — J'arrive à mon fort.

Le 19. — J'envoyai à la découverte des Mississagués et des Népissings à la rivière de Monsieur-le-Comte.

Le 25. — Sur le midi, ces découvreurs viennent me rapporter qu'ils ont vu huit berges et une barque qui coupoient sur l'Ile-aux-Galops. Je traversai avec une partie de mon monde. Je m'embusquai dans l'île; j'envoyai M. de la Saussaye avec un sauvage, qui revint sur-le-champ me dire que les Anglois venoient le long de l'île. Je laissai dépasser la barque qui passoit un peu au large et nous fîmes nos décharges sur les berges; nous en défîmes une entière et prîmes le commandant prisonnier et autres. Cette berge étoit de douze hommes, et nous tuâmes beaucoup de monde, et blessés (d'autres), dans les autres berges, qui se rejetèrent à la barque. Je poursuivis quatre autres berges à quatre lieues dans le lac, et je fus obligé de m'en revenir par le vent, ne pouvant gagner sur eux. J'avois fait partir la veille M. de Langy avec un parti pour aller faire un prisonnier au portage des trois forts. Les sauvages de M. Piquet me laissèrent; il ne m'en resta que deux.

Le 26. — M. Marin arrive avec soixante Folles-Avoines.

Le 28. — Je pars pour aller sur l'ennemi. Le matin, sur les neuf heures, je me trouve en travers de la rivière de Monsieur-le-Comte, où je découvre trois barques dans le large. Je me jette dans la rivière à Monsieur-le-Comte, où je reste tout le jour, dans la crainte d'être découvert. Je sors de nuit, et je m'en vais rentrer dans la rivière aux Sables, où je laisse mes canots, où je prends le parti d'aller par terre.

Le 29. — Sur les deux heures après-midi, j'envoyai
à la découverte sur le lac M. de la Saussaye avec des
sauvages ; il nous amenèrent deux déserteurs. Ils
m'assurèrent que je n'étois point découvert, et que
c'étoient nos barques que nous avions vues et que les
barques angloises ne sortoient point. Nous continuons
notre route.

Le 30. — J'envoie M. Marin avec M. de la Saussaye
avec deux sauvages à la découverte du côté du petit
lac des Onéyouts, et quatre autres découvreurs pour
voir si l'on découvriroit des bateaux. M. Marin arrive
le 3 juillet au matin et dit qu'il n'a rien vu ; mais
quatre sauvages, que j'avois envoyés au Petit-Portage,
me rapportent qu'ils ont vu passer la veille trois bateaux
et qu'il y avoit apparence que tout étoit passé. Je fis
assembler Messieurs les officiers et les sauvages, et nous
décidons ensemble que ces canots qui sont descendus,
faut qu'ils remontent (sic). J'ai renvoyé dans le moment
M. Marin à la découverte, qui me renvoie dans le
moment un sauvage me dire que la rivière est garnie de
bateaux qui remontent. Je fais convenir les sauvages et
François d'aller au Portage pour les attendre. L'ardeur
des sauvages les fit jeter sur le bord de la rivière ; ils font
leurs décharges, et nous sommes obligés de faire la même
manœuvre. Nous tuons beaucoup de monde ; l'ennemi
se retire ; nous n'en voyons plus. Ils avoient abandonné leurs bateaux. Suivant les apparences, tout étoit
fini. Nous nous en revînmes à nos paquets. Il vint un
Folle-Avoine me dire que l'ardeur de cinq Folles-Avoines
pour lever des chevelures (les avait fait) traverser,
et qu'ils étoient entourés par les Anglois. Je ranime

mes sauvages et François pour retourner leur donner
du secours. J'arrive sur le bord de la rivière avec tout
mon monde. Les Folles-Avoines me crièrent qu'ils se
battoient et qu'ils avoient levé quinze chevelures. Je
traversai sur l'autre côté avec les sauvages et environ
soixante François, et je laissai le reste de mon parti de ce
côté-ci. Quand je fus de l'autre côté, les Folles-Avoines
me dirent que les Anglois étoient retirés, mais qu'il y
en avoit beaucoup dans une petite île. Je fus vis-à-vis
et leur criai de se rendre. Ils se jetèrent dans leurs
bateaux pour venir à moi. L'ardeur des Folles-Avoines
les fit jeter à la nage, à qui mettroit la main dessus le
premier. Nous en prîmes le nombre de quarante et
cassâmes beaucoup de bateaux ; et, par l'aveu des
Anglois, ils étoient cinq cents bateaux, dans lesquels il
y avoit deux mille Anglois, et accusèrent que nous leur
avions tué cinq cents hommes. Et ce qu'il y a de sûr,
est que nous avions quarante prisonniers. Et, quand je
fus revenu à nos paquets, je fus surpris de trouver
M. de Gannes blessé et autres François, qui s'étoient
tirés d'un bord à l'autre de la rivière, un quart de lieue
plus bas d'où j'avois traversé. Enfin, j'ai perdu M. de
Gannes, deux habitants et deux soldats, qui furent pris
prisonniers en faisant le pillage ; le feu dura jusqu'à six
heures du soir et je me retirai.

Le 4 juillet. — Je rencontre M. de Langy qui
revient au-devant de moi, qui a fait un prisonnier.

Le 5. — J'arrive à mon fort, où l'on me remet un
ordre de Monsieur le général pour faire faire une découverte à M. Des Combles, l'ingénieur ; il m'arriva quatre
piquets des régiments.

Le 22. — Je partis avec les quatre piquets, soldats et miliciens de la colonie, au nombre de quatre cents hommes.

Le 24. — Je me rendis à un quart de lieue de Chouaguen. Monsieur l'ingénieur et M. de Langy, avec deux sauvages et l'interprète, furent dans la nuit auprès des forts, et ils y couchèrent. A la pointe du jour, l'ingénieur releva les plans des forts. Je lui avois mis une garde de soixante hommes entre lui et moi, pour se replier au cas qu'il fût découvert.

Le 25. — Au matin, il vint me rejoindre et me dit qu'il étoit content et qu'il avoit fait tout ce qu'il devoit faire. Je lui dis que j'allois attaquer le fort. Il me dit que, si je l'attaquois, cela feroit qu'il se fortifieroit davantage ; je fus de son avis. Je fis assembler Messieurs les officiers de France et de la colonie, qui se trouvèrent du même avis. Je revins à mon fort.

Le 27. — M. de Rigaud arrive.

EXPEDITION DE M. DE RIGAUD AU FORT GEORGES

FÉVRIER ET MARS 1757 *

M. le marquis de Montcalm étant parti le 28 octobre de l'armée de Carillon, M. le chevalier de Lévis resta chargé de la commander et de déblayer les troupes, quand la saison ne permettroit plus de tenir la campagne et que les ennemis auroient fait défiler leurs armées pour prendre des quartiers d'hiver. Nos derniers bataillons ne partirent du camp de Carillon que le 13 novembre et arrivèrent le 20 dans le gouvernement de Montréal.

Nous étions à la fin de la campagne dans l'incertitude si les Anglois avoient détruit leurs forts d'entrepôts sur la rivière de Chouaguen, appelés les forts de Bull et de William. Nous n'en pouvons douter, et les sauvages des Cinq-Nations nous ont assuré qu'ils les ont évacués et brûlés.

Ces Cinq-Nations (c'est ainsi qu'on nomme les Iroquis) ont envoyé à Montréal au commencement de l'hiver, une ambassade composée de cent quatre-vingts personnes y compris les femmes et les enfants. Il y a eu à cette occasion de grands conseils, pour se servir des

---

* Cette relation n'est pas signée ; mais d'après le texte, on reconnaît qu'elle a été écrite par un officier de l'armée régulière.— NOTE DE L'ÉDITEUR.

termes du pays, c'est-à-dire qu'on a tenu à Montréal une espèce de congrès, auquel nos Iroquois domiciliés, les Népissings, les Abénaquis, les Algonquins, les Poutéotamis et les Ottawas, nations sauvages attachées à la France, ont assisté par députés. Cette ambassade est la plus mémorable qu'il y ait jamais eu en Canada, tant par le nombre des ambassadeurs et la nature des objets qui se sont agités que par les bonnes dispositions dans lesquelles les Cinq-Nations ont paru être. Il y a lieu d'attendre de leur part la neutralité la plus exacte ; on peut même espérer que, quoique ces nations ne veuillent pas prendre la hache contre l'Anglois, plusieurs de leurs jeunes gens nous suivront à la guerre. C'est tout ce qu'on peut exiger raisonnablement d'un peuple enclavé presque au milieu des habitations angloises.

Nos sauvages domiciliés ont parlé aux Cinq-Nations dans ces conseils avec menaces et fierté. M. le marquis de Vaudreuil leur a promis un oubli de leur conduite passée et de leur faire trouver tous leurs besoins, pourvu qu'ils fussent fidèles à leur parole. Les sauvages ont rapporté et foulé aux pieds les médailles des Anglois ; cependant ils ne nous ont pas dissimulé qu'ils avoient aussi des députés à Orange. Eh effet nous avons su, à la fin de mars, que les députés s'étoient retirés de chez l'Anglois sans vouloir prendre aucun engagement. Cette espèce de congrès a duré tout le mois de décembre.

Par toutes les nouvelles qui nous viennent du fort Duquesne, du Détroit et de M. Pouchot, capitaine au régiment de Béarn, commandant au fort de Niagara, l'affection de tous les sauvages des pays d'En-Haut est des plus grandes, et cela est principalement dû à la

prise de Chouaguen. Les partis vont continuellement
l'hiver pour lever quelques chevelures sur les Anglois,
qui ont aussi fait venir des Catabas, sauvages établis
auprès de la Caroline. Ces sauvages ont levé quelques
chevelures, auprès du fort Duquesne, aux Chaouénons
nos alliés, mais un de nos partis en a tué plusieurs.

Un détachement de soixante hommes d'élite, des
troupes angloises avec dix sergents et sept officiers,
composant en tout soixante-dix-sept hommes, s'étant
mis en marche pour faire quelques prisonniers auprès
de nos forts, avoit pris le 21 janvier, entre le fort de
Carillon et celui de Saint-Frédéric, sept de nos soldats.
Sur la nouvelle qui en vint à M. de Lusignan, il détacha
cent hommes aux ordres de MM. de Basserode et de la
Grandville, capitaines aux régiments de Languedoc et
de la Reine, avec quelques sauvages et Canadiens. Ce
détachement joignit celui des ennemis sur les trois
heures après-midi, et tomba sur leur avant-garde,
baïonnette au bout du fusil. Comme nous avions
négligé d'occuper une petite hauteur à portée du chemin, les Anglois s'y retirèrent, et on fusilla jusqu'à la
nuit. Les ennemis ont profité de l'obscurité pour se
retirer, laissant sur le champ de bataille quarante-deux
hommes tués, dont trois officiers. Nous leur avons fait
huit prisonniers et repris les nôtres. On a su depuis
que des soixante-dix-sept hommes dont ce détachement
étoit composé, il n'en est rentré que trois au fort Georges,
les autres ayant péri de froid et de misère et peut-être
de leurs blessures. Nous avons eu neuf hommes tués
et dix-huit de blessés, dont quelques-uns sont morts de

leurs blessures. M. de Basserode, capitaine, qui y commandoit, l'a été dangereusement.

Le 23 février, on a fait partir un gros détachement aux ordres de M. de Rigaud de Vaudreuil, gouverneur des Trois-Rivières et frère du gouverneur général, et de M. de Longueuil, lieutenant de roi de Québec. Ce détachement étoit composé de cinquante grenadiers et de deux cents volontaires pris sur les bataillons de la Sarre, de Royal-Roussillon, Languedoc et Béarn, commandés par M. de Poulariés, capitaine de grenadiers au régiment de Royal-Roussillon, de deux cent cinquante hommes de troupes de la colonie, de six cents Canadiens et trois cents sauvages. Ce détachement a eu soixante lieues à faire la raquette aux pieds, ayant des vivres sur des traînes que l'on peut, dans le beau chemin, faire tirer par des chiens, couchant au milieu de la neige, sur la peau d'ours, avec une simple voile qui sert d'abri contre le vent. Il a traversé de la sorte le lac Champlain, le lac Saint-Sacrement, et est arrivé le 18 mars à une petite lieue du fort Georges, situé au fond de ce dernier lac. Comme il n'a pas été possible d'entreprendre de vive force sur ce fort, on s'est contenté de brûler pendant les nuits du 18 au 19, du 19 au 20, du 20 au 21, du 21 au 22, tout ce qui étoit dans l'extérieur du fort : plus de trois cents bateaux, quatre barques, dont une percée pour seize canons, un moulin *à scie*, un grand amas de bois de construction et de chauffage, deux magasins remplis de vivres et d'effets aux troupes, un petit fortin de pieux, dans lequel il y avoit une douzaine de maisons ou baraques pour y loger des troupes et leurs malades. Malgré le feu de mousqueterie, quelques bombes et coups de canons qu'ils ont tirés, nous n'avons perdu, dans ces différentes opérations, que cinq soldats ; nous avons eu six hommes de blessés légèrement, y compris deux sauvages. Ce succès est d'autant plus important pour la colonie que les ennemis étoient en état de se mettre dans cette partie en campagne avant nous. Il faut espérer que leurs opérations en seront retardées, et que les Canadiens, qui sont ici laboureurs et soldats, auront le temps de faire leurs semences. Ce détachement a servi de plus à s'assurer exactement des positions du fort.

Les Canadiens ont été étonnés que nos officiers et soldats ne leur aient cédé en rien dans un genre de marche auquel ils n'étoient pas aussi accoutumés.

Nous n'avions pas eu depuis le mois de septembre de nouvelles de M. de Boishébert, capitaine des troupes de la colonie, qui se maintient avec peu de troupes et un corps d'Acadiens inviolables dans leur attachement pour la France ; nous en avons reçu du mois de janvier, qui nous apprennent que les Anglois ont évacué ou brûlé le 12 octobre le fort de Gaspareau, pour ne conserver que celui de Beauséjour dont ils augmentent les fortifications.

L'hiver a été des plus rudes ; le fleuve Saint-Laurent a été pris depuis les premiers jours de septembre *, et l'est encore, au 1er avril, à y passer en traîneaux.

---

* Ceci doit être une erreur de copiste. Il faut lire *décembre*. On voit par le *Journal de Montcalm*, p. 316, que la navigation était encore ouverte le 6 novembre de cette année, puisque ce fut à cette date que les derniers vaisseaux partirent de Québec pour la France.— NOTE DE L'ÉDITEUR.

Le thermomètre, qui, l'année 1709, n'a été en France, dans les plus grands froids, qu'à quinze degrés, a été plusieurs fois à vingt-sept, souvent de dix-huit à vingt, et presque toujours de douze à quinze ; il y a eu une quantité étonnante de neige.

AUTRE RELATION

DE L'EXPEDITION SUR LE FORT GEORGES

FÉVRIER ET MARS 1757 *

---

*Relation du détachement commandé par M. Rigaud de Vau-
dreuil, gouverneur des Tiois-Rivières, composé d'une compagnie
de grenadiers volontaires, de quatre piquets volontaires de cinquante hommes, de seize compagnies de cinquante-deux hommes
des troupes de la marine ou Canadiens, une compagnie de volontaires de trente-cinq hommes, trois cent cinquante sauvages,
M. Le Mercier, officier d'artillerie, avec douze canonniers,
M. de Longueuil, lieutenant de roi de Québec, commandant en
second, M. de Poulariés, commandant les troupes de terre, et
M. Dumas, major général.*

Le 14 février. — M. Le Mercier est parti de Saint-
Jean avec douze canonniers et la compagnie de Cournoyer. Il arriva le 22 à Carillon.   Le détachement fut
divisé en quatre divisions.   La première, commandée
par M. de Saint-Martin, partit de Saint-Jean le 20
février, et arriva à la Pointe le 2 mars.   La seconde,
commandée par M. Duchat, capitaine dans le régiment
de Languedoc, partit de Saint-Jean le 20, et arriva à la
Pointe le 3 mars. La troisième, commandée par M. Du

---

* Cette relation n'est pas signée.

Coin, capitaine dans le régiment de Royal-Roussillon, partit de Saint-Jean le 22, et arriva à la Pointe le 3 mars. M. de Rigaud partit de Saint-Jean le 25 avec la quatrième division, et arriva à la Pointe le 5 mars.

Le 7 mars. — Tous les sauvages se rendirent à la Pointe; tout le détachement y a pris trois séjours.

Le 8. — Les deux premières divisions arrivèrent à Carillon, et le 9, les deux autres avec les Iroquois.

Le 10. — M. de Langy le cadet fut détaché avec pareil nombre de sauvages de chaque nation, en tout vingt-deux, pour aller faire un prisonnier entre les deux forts.

Le 11. — Une grande partie des découvreurs quittèrent M. de Langy; il ne lui en resta que cinq et La Force. Il y eut l'après-midi un festin de sauvages, où présidèrent MM. de Rigaud et de Longueuil.

Le 12. — On eut des nouvelles par La Force de M. de Langy, qui demandoit du renfort. On a été obligé de prendre six séjours à Carillon pour l'arrangement des vivres, quoique M. Le Mercier nous eût assuré que tout étoit prêt. Pendant ce temps-là, on a réparé les armes, M. de Poulariés en fit l'inspection; on distribua les vivres et les échelles.

Le 15. — Nous sommes partis sur une colonne, et avons pris la côte du Sud pour nous rendre sur le chemin du camp de M. de La Corne, et campâmes à l'anse qui est vis-à-vis du camp de M. de Contrecœur; M. de Longueuil étoit parti la veille avec ses sauvages. Le même soir, nous eûmes un conseil des nations pour décider notre route.

Le 16. — Les glaces du lac Saint-Sacrement se trouvèrent très bonnes. Nous marchâmes sur trois colonnes ; celle de M. de Saint-Martin au nord, les troupes de terre au centre et M. de Saint-Ours au sud ; les sauvages étoient sur les ailes, commandés par M. de Longueuil. On avoit envoyé sur les hauteurs cent sauvages pour découvrir. Nous fîmes ce jour-là quatre lieues, et avons campé près des îles, au pied de la montagne du Pain-de-Sucre.

Le 17. — Nous fîmes route sur une colonne. Nous passâmes, pendant trois lieues, beaucoup d'îles, dont plusieurs assez considérables pour défendre la navigation. Nous nous arrêtâmes dans une anse jusqu'à huit heures du soir, et marchâmes pendant une partie de la nuit pour ne pas être aperçus. Sur les onze heures, les sauvages nous firent arrêter dans une presqu'île à deux lieues du fort.

Le 18. — Au point du jour, nous passâmes cette presqu'île, dont le portage est de deux cents pas, et nous descendîmes dans une baie à une lieue et demie du fort, d'où partirent MM. de Poulariés, Dumas, Mercier, Raymond et Savournin, escortés de cinquante sauvages, vingt-cinq Canadiens et quatre grenadiers qui conduisoient un prisonnier anglois, pour aller sur une montagne reconnoître la position du fort et le mouvement de l'ennemi. M. de Poulariés observa surtout la face du marais, qui lui parut, comme tout le fort, en très bon état. Il y aperçut beaucoup de mouvement. MM. Le Mercier et Dumas trouvoient cette face attaquable, par le peu de hauteur qu'ils croyoient y apercevoir ; ils restèrent longtemps à faire leurs observations. M. de

Poulariés profita de ce moment pour leur faire voir le plan que M. Le Mercier trouva mauvais, quoique, dans la suite, il s'est trouvé à peu de chose près conforme. Ces messieurs furent de retour au camp à trois heures, et à cinq M. de Rigaud fit appeler M. de Poulariés pour lui faire part du projet d'escalade. *M. de Poulariés lui dit que son expérience dans le métier l'engageoit à lui faire des représentations sur l'impossibilité de cette opération, l'ennemi n'ayant qu'une face à défendre, qui étoit en fort bon état, et que l'on ne pouvoit espérer de surprendre; qu'il étoit prêt à marcher partout où il jugeroit à propos à son premier ordre. Il lui représenta ensuite qu'il étoit indispensable d'avoir à la tête de chaque colonne des canonniers, et à la principale un officier d'artillerie pour pointer les canons dans les endroits les plus convenables.* M. Dumas répondit qu'il s'attendoit à cette demande. M. Le Mercier lui dit que M. le marquis de Vaudreuil lui avoit ordonné de ne pas s'exposer, vu la nécessité qu'il en auroit pour les opérations de la campagne prochaine ; que, malgré cette forte raison, il demanderoit un ordre à M. de Rigaud pour monter à l'escalade. M. de Poulariés fit aussi observer qu'il convenoit d'opérer sur l'extérieur en même temps ; qu'il ne falloit que de petits pelotons pour cette exécution, et que cela ne dérangeroit pas le projet d'escalade. M. Dumas l'assura qu'il seroit donné des ordres, supposé que l'on échouât. L'on offrit à M. de Poulariés le choix d'une des trois attaques qui devoient se faire sur autant de colonnes ; il demanda celle de la droite ; les deux autres devoient être commandées par MM. de Saint-

Ours et Saint-Martin, composées chacune d'une compagnie de grenadiers postiches, tirée de leurs troupes, et du restant de leurs troupes de la marine et de Canadiens choisis. Supposé que l'escalade manquât, il fut ordonné à M. de Poulariés de faire l'attaque du fortin, et on l'assura que tout seroit prêt en même temps pour brûler le dehors du fort. Notre rendez-vous étoit au fond de la baie, à notre camp, où étoient restés nos équipages, gardés par cent hommes de la colonie ; M. de Poulariés fit ses dispositions et chargea M. Wolff de l'avant-garde, composée de douze grenadiers, pour se saisir des sentinelles. A neuf heures du soir, on lui demanda un officier pour aller reconnoître la face de l'attaque ; il donna cette commission à M. de Savournin, et lui recommanda de faire beaucoup d'attention au terrain qui nous étoit destiné. Il partit avec MM. Dumas, Mercier, Perthuis, deux sauvages, huit grenadiers et le prisonnier anglois.

Sur les onze heures du soir, nous partîmes sur une colonne pour nous rendre à notre opération à un petit quart de lieue du fort.

Le 19. — MM. Dumas et Mercier, une heure après minuit, vinrent nous annoncer que le projet ne pourroit plus avoir lieu, que la garnison étoit trop alerte. Un instant après, M. Dumas dit à M. de Poulariés que l'intention de M. de Rigaud étoit de ne pas attaquer le fort et le fortin ; qu'il se borneroit à faire brûler tout ce qui se trouveroit au dehors de la place. En conséquence, on fit faire un demi-tour à droite à la colonne pour la mettre à l'abri du canon, et on ordonna aux habitants de faire des fagots. Dès qu'ils furent prêts, M. de

Savournin fut chargé de brûler la barque sur le chantier avec trente hommes, MM. de Saint-Martin et Le Borgne les autres barques, et le maître canonnier les bateaux. MM. de Boischatel et Saint-Ours marchèrent pour le soutenir avec cinquante hommes chacun. Les artifices se trouvèrent mouillés, et les fagots n'étoient pas d'un bois assez sec, ce qui fit manquer absolument toute cette opération. On leur tira très peu de coups de fusil et deux coups de canon ; tous ces détachements rentrèrent et nous retournâmes au camp.

Le même jour, vers les dix heures, les sauvages et les Canadiens furent aux environs du fort y tirailler. Un Abénaquis et un Iroquois mirent le feu à quelques bateaux. On envoya les piquets de Royal-Roussillon et de Languedoc pour aller sur le chemin de Lydius. Les sauvages qui les conduisoient les firent passer sous le canon du fort ; ils en essuyèrent plusieurs coups, dont un fracassa la jambe à un soldat de la colonie qui s'y trouva mêlé. On nous fit arrêter pour soutenir ceux qui tiroient sur le fort du retranchement de M. de Dieskau. Il y eut un soldat de la colonie écrasé par une bombe. A huit heures du soir, nous fûmes relevés par les piquets de la Sarre et Béarn et par M. de Saint-Martin avec cent hommes destinés à la même opération. Les volontaires canadiens et M. de Saint-Simon, cadet, furent chargés de mettre le feu aux bateaux, M. de Langy à une barque, M. de Villejoin à une autre, et M. d'Albergatti au bûcher ; ils réussirent, hors M. de Villejoin.

Le 20. — Les détachements rentrèrent au camp sans avoir perdu un homme. Nous reçumes ordre, à sept

heures du matin, de préparer nos échelles ; nous partîmes sur les neuf heures sur une colonne. On nous fit
gagner la côte du Nord. Nous arrivâmes à deux heures
dans une petite anse qui mettoit à l'abri du canon.
MM. Le Mercier, Florimond et un interprète, voyant à
cent pas d'eux douze grenadiers commandés par un
sergent, s'acheminèrent au fort en arborant le pavillon
rouge. Quand ils furent à portée, on leur cria : Qui vive !
et on leur dit d'arrêter. M. Le Mercier fit répondre par
son interprète qu'il avoit à parler au commandant. Aussitôt on l'avertit. Il se rendit sur le rempart et fit crier
si l'on avoit une lettre du général à lui remettre. M. Le
Mercier lui répondit qu'il n'avoit qu'une lettre de
créance. Le commandant fit descendre sur la place un
pareil nombre de soldats que M. Le Mercier pouvoit
avoir, et ensuite il lui demanda cette lettre, et détacha
quatre hommes pour l'aller prendre. M. Le Mercier la
leur remit. Après lecture faite, il fit crier à M. Le
Mercier d'avancer seul, et en même temps il lui envoya
un de ses officiers pour otage, qu'on remit aux Canadiens. Dès que M. Le Mercier eût joint le détachement
anglois, on lui dit qu'il étoit d'usage de mettre un
bandeau, que l'on ne lui ôta que dans la chambre du
commandant. Il lui dit qu'il étoit envoyé par M. de
Vaudreuil, son général, pour lui annoncer qu'il étoit à
la tête d'un corps de troupes considérable, dans le dessein de prendre par escalade son fort situé sur le terrain
du Roi son maître, et qu'il étoit d'usage, en pareille
occurrence et entre peuples policés, de se sommer pour
éviter un carnage qu'on ne pourroit empêcher, par rap-

port à la grande quantité de sauvages. Le commandant lui demanda la permission de consulter ses officiers et ses soldats. On lui laissa quatre officiers pour lui tenir compagnie, qui furent remplacés par quatre autres, lorsque leur tour vint à donner leurs avis. Le résultat fut que le hasard donnoit les bons et mauvais postes, qu'on devoit s'y défendre également et qu'ils le feroient en braves gens. La conversation roula sur des choses indifférentes, où on lui assura que M. de Dieskau se portoit bien et qu'il devoit passer incessamment en Europe. On lui demanda même des nouvelles de M. le marquis de Montcalm. On lui fit beaucoup de politesses. Il fut reconduit par quatre soldats au détachement des grenadiers, et l'officier qui étoit en otage s'en retourna. M. Le Mercier vint de là joindre la colonne, et, à midi, nous arrivâmes au camp. A deux heures, les piquets de Royal-Roussillon et de Languedoc furent commandés pour aller sur le chemin de Lydius avec un parti de sauvages. Ils revinrent au camp à neuf heures ; dans le même temps, la compagnie de grenadiers, les piquets de la Sarre et Béarn et M. de Saint-Martin avec deux cents hommes, le tout sous les ordres de M. de Poulariés, furent envoyés pour soutenir MM. de Florimond, Langy le cadet et d'Albergatti, chargés de mettre le feu au fortin, au hangar, à ce qu'il restoit des bateaux et à la barque qui restoit sur le chantier. Cette dernière fut manquée par M. d'Albergatti ; les autres opérations réussirent. Les sauvages firent beaucoup de butin ; les ennemis firent très peu de feu ; ils nous attendoient à l'escalade de pied ferme. On tira un coup

de canon à mitraille, où nous ne perdîmes personne.
M. de Poulariés se retira au dépôt.

Le 21. — A quatre heures du matin, les piquets de
Royal-Roussillon et Béarn et M. de Saint-Ours, avec
cent Canadiens, les relevèrent. Une heure après, les
piquets reçurent ordre, pour six heures du soir, d'aller
au retranchement de M. de Dieskau, qu'ils devoient
quitter lorsque la barque dont M. d'Albergatti s'étoit
encore chargé, seroit enflammée. Il manqua son opération pour la seconde fois, et, de concert avec M. de Saint-
Ours, ils se retirèrent à onze heures du soir.

Le 22. — On envoya des soldats de la colonie et des
Canadiens pour entretenir le feu. M. Wolff demanda la
permission à M. de Poulariés d'aller proposer à M. de
Rigaud de lui laisser mettre le feu à cette dernière
barque, manquée par trois fois. Il fut accepté. M. de
Séglas fut commandé avec trente grenadiers, M. de
Savournin avec autant de soldats volontaires, et M. de
Céloron avec deux cents hommes de la colonie, pour
soutenir M. Wolff, à qui on donna vingt volontaires
françois. Ils partirent tous à sept heures du soir.
M. Wolff, à son approche, reçut une bordée de coups
de fusil ; cela ne l'empêcha pas de se rendre à la
barque, où un volontaire lui portoit une échelle de douze
pieds. Il s'en falloit même de six qu'elle ne fût assez
élevée. M. Wolff parcourut le dedans. Il résolut de ne
pas mettre le feu par le haut ; il descendit et fit mettre
des fagots du côté du vent et environ une corde de bois
qu'il fit prendre au bûcher et qu'il arrangea lui-même.
Lorsqu'il trouvoit des bûches trop grosses, il les parta-
geoit avec une hache. Le feu ne cessa pas. Il fit replier

son détachement sur M. de Séglas, et, avec des allu-
mettes de sa façon, il y mit le feu et se retira. Cette
barque fut entièrement consumée. Nous y perdîmes
deux soldats de Languedoc et un de blessé du même
régiment. La perte des ennemis consiste en quatre
barques, dont la dernière étoit de quatorze à seize pièces
de canon, trois cents bateaux au moins, tous les hangars,
des bois de construction et des planches en quantité,
avec le moulin à scie.

Le 23. — Nous partîmes sur une colonne et nous...*

* La fin de ce journal manque.

JOURNAL DE NIAGARA

DU MOIS DE JUIN AU MOIS D'AOUT 1757 *

Nouvelles sauvages

Le 6 juin. — Arrivée de quatre Goyogouins qui m'ont apporté un collier de la part des Onontagués, comme étant plus affidés qu'eux aux François, pour savoir si c'étoit moi qui avois envoyé des Ottawas chez eux pour les frapper ; qu'ils avoient dit qu'ils venoient en guerre pour venger la mort d'un chef qui avoit été tué ; et, par l'autre moitié, me prier de ne point faire passer des partis chez eux. J'ai répondu par un collier que Johnson leur avoit dit qu'il reviendroit cet été rebâtir Chouaguen, quand il devroit perdre bien du monde ; que je voulois savoir par des gens affidés s'il n'y avoit rien de nouveau sur la rivière, et de pousser jusqu'aux habitations angloises pour tâcher de me prendre quelques-uns, ou les tuer s'ils ne pouvoient les prendre ; mais je n'avois point dit à ces Mississagués de frapper, que sur l'Anglois ; au contraire que j'étois bien content des Cinq-Nations, et que je leur avois recommandé, crainte de

---

* Ce journal n'est pas signé ; mais il est évidemment écrit par le commandant du fort Niagara qui était alors le capitaine Pouchot, l'un des officiers du régiment de Béarn.

leur donner de l'inquiétude, de passer sur la rive gauche
en remontant la rivière ; que je leur avois dit tout
l'hiver et à présent que l'intention de leur père étoit
qu'ils fussent tranquilles chez eux ; que nous n'avions
pas à nous plaindre de leur conduite ; que plusieurs
d'entre eux avoient pris la hache de leur père ; que je
les exhortois à suivre cet exemple et d'être unis de sen-
timents.

Par des branches que j'ai rejetées, ils m'ont dit : Le
François et l'Anglois sont bien gros ; nous avons peur
qu'ils ne nous écrasent ; nous nous voyons morts. L'on
ne nous vend rien à Frontenac et à la Belle-Rivière, et,
depuis que nous avons pris la hache, on ne nous donne
point de munitions, ou si peu que cela n'en vaut pas la
peine. Nous te remettons donc ces branches pour
arrêter nos guerriers et les empêcher d'aller frapper. Je
leur ai répondu que, quoique nous fussions bien gros, ils
pouvoient être tranquilles sur leurs nattes, et que je les
avois toujours assurés, de la part de leur père, que nous
ne les foulerions point sur leurs nattes que je ne
m'étois pas étonné que les Onontagués, que je ne connoissois pas, se plaignent de n'avoir pas de munitions
depuis qu'ils avoient pris la hache ; que je l'ignorois ;
mais qu'ils n'avoient qu'à me venir voir ; ils jugeroient
par la façon dont je les traiterois et par ceux qui sont
venus ici, que l'intention de leur père est qu'ils ne
manquent de rien pour leurs besoins ; que j'étois étonné
qu'ils me présentassent ces branches pour arrêter leurs
guerriers ; que je les rejetois parce que je les avois
toujours assurés que leur père ne vouloit point les
forcer à prendre la hache, mais qu'il distingueroit par

ses bienfaits ceux qui, de leur bonne volonté, prendroient
son parti d'avec ceux qui resteroient sur leurs nattes ;
ainsi que je voulois qu'ils fussent maîtres de faire ce
qu'ils voudroient ; que je savois très bon gré à ceux qui
faisoient la guerre, et que je les exhortois à être tous du
même sentiment et d'être bien liés entre eux.

Cet homme *(sic)* m'a dit qu'il avoit été chercher
lui-même un forgeron à Orange, il y avoit une vingtaine
de jours ; qu'il étoit venu avec ; mais que cet homme,
n'ayant point d'outils, s'en étoit retourné au bout de
quatre à cinq jours ; que nous n'en fussions pas fâchés ;
qu'il n'avoit point d'outils pour planter leurs blés. Je
leur ai offert de les leur faire raccommoder et de leur
faire faire *gratis* ceux qui leur manqueroient.

Il m'a dit que Johnson leur avoit dit que le gouverneur du Canada leur avoit dit qu'il leur avoit écrit pour
faire une suspension d'armes pendant trois ans, mais
cependant que pendant ce temps-là, il donneroit des
munitions et des présents aux sauvages ; qu'au bout de
ce temps on conviendroit de les abandonner et même
de les détruire ; qu'ils nous avoient pris un vaisseau, je
crois, l'automne dernier. Je les ai fort assurés que tout
cela étoit faux ; j'ai de là pris occasion de leur raconter
ce que Loudon disoit d'eux à Philadelphie et l'aventure
du fort Georges qu'ils savoient par leurs gens qui ont
hiverné à Montréal.

Le 7. — Il est arrivé en traite des Ottawas de Michil-
limakinac, qui m'ont dit qu'une partie de leurs gens
étoient descendus à Montréal et l'autre à la Belle-
Rivière.

L'après-midi, arrivée de deux Mississagués man-
quants, du parti relâché, qui avoient été sur la rivière de
Chouaguen. Ils ont apporté une chevelure angloise ;
ils ont avoué avoir rencontré un seul Onontagué qui
levoit des écorces, que cet homme les avoit aperçus
le premier, qu'il leur avoit parlé le premier ottawa
(sic). Je leur ai demandé s'ils l'avoient couché en
joue. Ils ont dit que non, qu'eux lui avoient dit leurs
desseins, et que l'autre leur avoit indiqué le chemin où
ils pourroient se rendre à des habitations où ils trouveroient des Anglois ; qu'ils avoient continué leur route ;
qu'ils étoient tombés dans une fourche ou coude de
rivière où il y avoit deux villages, l'un en deçà et
l'autre au delà, pas bien loin d'un fort de pieux ; qu'ils
avoient vu passer deux hommes à cheval, sans autre
arme qu'une hache ; qu'ils les avoient tirés ; que l'un
d'eux étoit tombé ; qu'ils lui avoient levé la chevelure.
Ils ont trouvé un nègre qu'ils disent qu'ils avoient
grande envie de prendre ; qu'il étoit trop proche des
maisons ; qu'ils n'avoient pas voulu le tuer, comptant
pouvoir l'avoir vivant. Je leur ai demandé s'ils ne
lui auroient point pris des papiers. Ils m'ont dit que,
comme ils avoient vu du monde en alerte dans les
villages, ils s'étoient enfuis. Ils ont un bidon, qu'ils
ont cassé ; du cul ils ont fait un petit hausse-col, et du
tour deux bracelets. J'y ai lu dessus $\frac{H}{44}$; à cette
remarque, je l'ai reconnu pour être de la quatrième
compagnie du régiment d'Halcet, N° 28, et Keniskent.
Ils m'ont dit n'avoir vu aucun mouvement de troupes ;
qu'ils avoient trouvé la rivière qui descend à Orange
très encombrée. Les tas de bois qui y avoient jeté les

Anglois l'année dernière, s'étoient accumulés par les grandes eaux. J'ai eu attention de faire le détail de ce qui est ci-dessus aux Goyogouins, que j'ai fait venir pour leur faire les présents, selon leur demande. Ils m'ont dit qu'il n'y avoit que vingt-deux jours qu'ils étoient à Orange ; que ces gens étoient allés frapper, suivant les apparences, dans le village Palatin ; que la rivière étoit effectivement encombrée ; qu'effectivement il y avoit un mauvais petit fort, dont les maisons étoient si basses qu'à peine pouvoit-on s'y tenir debout, et les pieux très bas ; que ce fort étoit très peu de chose ; que ce qu'ils avoient pris pour un village n'étoit que des maisons détachées par-ci par-là. J'ai encore pris occasion de leur parler de l'Anglois ; qu'ils devoient être assurés de l'affection de leur père pour eux, parce qu'ils m'ont encore paru craindre que l'on envoie un corps d'armée chez eux remonter la rivière de Chouaguen. Je les ai assurés qu'à moins que l'Anglois ne se portât en force dans cette partie, nous ne marcherions point sur leurs nattes, et que, quand cela arriveroit, ils devoient être persuadés qu'on ne leur feroit aucun mal, persuadé qu'ils suivront toujours la volonté de leur père. Ils m'ont dit qu'ils avoient bien résolu de ne plus laisser mettre le pied à l'Anglois dans leur pays, parce que, si cela arrivoit, ils se voyoient morts de la part du François et de l'Anglois ; que Johnson étoit un menteur ; qu'il trouvoit toujours le secret de les tromper ; qu'il les attiroit à eux par des marques singulières d'amitié, comme, s'il avoit de jolis habillements, de s'en dépouiller pour les leur donner ; que leurs chefs avoient bien défendu à aucun de leurs guerriers de prendre les armes pour l'Anglois, et que, si cela leur arrivoit, il les faisoit tuer par la nation même, parce qu'ils ne seroient déterminés à prendre les armes pour l'Anglois que par l'espérance du butin ; qu'ils avoient envoyé des paroles aux Agniers pour les faire venir chez eux ; que ceux du Sault et de la Présentation y avoient aussi envoyé des paroles, qui avoient passé chez eux ; que nous devions être persuadés qu'ils faisoient tout ce qu'ils pouvoient pour les tirer de là ; que c'étoit la vérité pure qu'ils me disoient.

Un Chaouénon est arrivé, qui m'a dit qu'il avoit eu un frère et un neveu tués cet hiver ; qu'ils avoient perdu en tout cinq hommes dans l'hiver ; que son frère qui étoit chef de guerre, étoit parti pour aller à la découverte autour du fort Cumberland avec dix hommes ; qu'ils devoient rôder autour des autres forts de ces quartiers ; qu'ils avoient promis de ne pas revenir les mains vides ; qu'il me donnoit cette parole de sa part pour lui donner un peu de tabac et de l'eau-de-vie pour s'entretenir avec son frère et couvrir leurs morts. Il m'a dit qu'une partie des Catabas qui étoient autour du fort Cumberland s'étoient retirés, rebutés des chasses qu'on leur donnoit.

Il m'a confirmé ce que ce Loup m'avoit dit : que les Chéroquis avoient fait demander, par les Têtes-Plates leurs alliés, d'entrer aussi dans l'alliance d'Ononthio et de pouvoir s'établir dans la Belle-Rivière ; que la moitié des Têtes-Plates devoient y venir cet été, s'ils n'y étoient déjà arrivés.

Un Loup venu pour porter, m'a dit que l'on faisoit

les semences à Théoga, et que le chef qui avoit été à Philadelphie y étoit fort tranquille.

Le 8. — Les députés des Onontagués m'ont dit qu'il y avoit vingt et un jours qu'ils étoient à Orange, qu'il y avoit encore de la neige jusqu'à mi-jambes et que, dans l'hiver, il y en avoit eu jusqu'à l'estomac ; que l'on transportoit des vivres au lac Saint-Sacrement, mais qu'il y avoit encore du verglas ; qu'ils ne se sont point aperçus que l'on fit marcher des habitants à l'armée ; qu'il n'y avoit que des troupes et qu'ils n'avoient remarqué que les Ecossois ; que Johnson leur avoit dit qu'il n'iroit pas cette année à Chouaguen, parce que le gouverneur du Canada lui avoit demandé une trêve. Ils m'ont assuré qu'ils avoient envoyé chercher les Agniers. Je leur ai demandé aussi s'il ne défiloit pas des troupes pour Boston. Ils m'ont dit que non, que tout devoit aller à la Pointe, que Johnson leur avoit dit qu'il perdroit bien du monde cette année, mais aussi qu'ils en verroient défiler tout l'été dans cette partie.

Le soir, arrivée du parti de Pakens, mississagué qui va en guerre en Pensylvanie.

Le 9.—Arrivée de quelques courriers qui m'annonçoient trois chefs qui me devoient rendre compte de ce qui s'est passé à l'Onontagué, et d'un chef tsonnonthouan, ami des Anglois, que l'on dit espion.

Le 10. — Le Tsonnonthouan, ami des Anglois, pour prouver qu'il a abandonné les Anglois, m'a remis deux médailles qu'il avoit à eux, et a dit qu'il avoit envoyé au village, pour faire brûler, un paquet de porcelaine que lui avoit donné les Anglois pour travailler à leurs affaires.

Cet homme a dit qu'il n'y avoit que les montagnards écossois à Orange et du côté de la Pointe, qu'il ne savoit où ils avoient fait marcher les deux régiments ; que Johnson étoit un menteur qui leur avoit débité que nous avions perdu mille hommes cet hiver au fort Georges ; mais qu'il ne leur avoit rien dit de ce que nous y avions brûlé ; que, après la prise de Chouaguen, il étoit venu un ordre pour ruiner les trois forts que les Anglois avoient fait faire sur cette route ; qu'il avoit été annoncé par un ban, qu'on avoit lu tout haut, et que l'on avoit dit aux Cinq-Nations que ces forts ayant été faits sans ordre, on les faisoit démolir, et que, comme le gouverneur du Canada leur avoit fait demander une trêve, ils ne faisoient point d'entreprises de ce côté-là.

Du même jour, départ de Pakens et de dix hommes pour la Pensylvanie.

Arrivée de trois chefs tsonnonthouans, députés des Cinq-Nations.

Le 11. — Ces chefs n'ont pas approuvé la députation des Goyogouins et ont dit qu'ils auroient dû les attendre, puisqu'ils n'avoient que de bonnes choses à dire.

Le 12. — J'ai eu un conseil des députés des Cinq-Nations. [Ils m'ont dit] que, dans leurs résolutions, les Onontagués sont déterminés de faire retirer les Agniers de chez l'Anglois. Un chef de chaque village y est allé à ce dessein, dans le même temps que les autres sont partis pour venir ici. Ils m'ont demandé un forgeron, et que leur père n'envoyât point d'armée par la rivière de Chouaguen, et que nos partis sauvages eussent attention à ne pas se méprendre d'eux à l'Anglois.

Arrivée de chefs poutéotamis qui descendent à Montréal. J'ai su par M. Dumuys, qui le tient des Illinois, que les Chéroquis ont fait la paix avec le François ainsi que toutes les nations de ce continent, hors le Chicasas; que tous doivent frapper l'Anglois.

Arrivée du grand chef loup de Théoga et vingt-sept guerriers; je leur ai fait faire connoissance avec les Poutéotamis et les Iroquois; ils se sont fort bien accueillis.

Le 13. — Je n'ai pu parler aux Loups qui avoient bu; ils ont remis le conseil au lendemain.

Le 14. — J'ai tenu conseil avec les Loups, en présence des Ottawas, des Poutéotamis et des députés des Cinq-Nations. Ils ont remercié ces nations d'avoir reçu leurs colliers et de les avoir secourus, et les ont engagés à rester toujours unis. Ils m'ont dit qu'ils s'étoient vus abandonnés de tous côtés, qu'ils étoient venus pour avoir recours à leur père et lui demander leurs besoins, qu'ils étoient dénués de tout.

Beaucoup de sauvages venus en traite, Ottawas et Sioux.

Le 15. — J'ai répondu aux Tsonnonthouans, les assurant que leur père savoit bon gré de la démarche qu'ils avoient faite auprès des Agniers; que, quoiqu'il ne forçât personne à prendre sa hache, l'on ne seroit pas surpris s'il distribuoit ses libéralités à ceux qui suivroient son parti.

Le même matin j'ai répondu aux Loups et les ai invités à descendre à Montréal.

Le 16. — Le chef loup et quatre des principaux se sont déterminés à descendre à Montréal par les barques.

Le 17. — J'ai congédié les Loups, qui doivent retourner au village, et leur ai donné les présents, dont ils ont paru contents. Après-midi, arrivée de M. La Moëlle. Point de nouvelles du fort Duquesne. De la presqu'île on me mande que les Anglois ont abandonné fort au loin leurs habitations de la frontière.

De la rivière aux Bœufs, le retour de Montcourt, cadet. Après quatre-vingt-cinq jours qu'il a bien jeûné, il a rapporté deux chevelures. Il avoit été en Pensylvanie, où différents partis étoient ramassés. Il dit que l'on a fait cinq prisonniers et quatre chevelures.

Du fort Machault, on me mande qu'un parti est de retour de la Pensylvanie avec sept prisonniers et trois chevelures. Ils disent avoir rôdé autour de Schamoukin; qu'ils y avoient trouvé beaucoup de monde, beaucoup de bestiaux, mais que l'on y étoit si fort sur ses gardes qu'il n'y a pas eu lieu d'y faire coup; qu'ils ont été obligés de pousser plus avant dans l'intérieur des terres pour trouver des endroits habités.

Il est à présumer que ce sont des habitants et des bestiaux qui se sont retirés à Schamoukin; car ils ont dit avoir trouvé une quarantaine de maisons abandonnées.

Arrivée de deux Loups venant en onze jours du fort Duquesne. Ils m'ont dit qu'il y étoit arrivé deux cent cinquante François des Illinois, des sauvages de cette nation, des Sakis, Sioux, Renards, Mascoutins et Kikapous; qu'ils les avoient vus.

Le 18. — J'ai congédié les députés tsonnonthouans

avec les présents accoutumés ; ils s'en vont très contents.

Du 19. — Les Loups me sont venus trouver avec des branches pour me dire qu'ils avoient réfléchi, que les Iroquois leur avoient donné des paroles pour ne point aller chez l'Anglois ni le François, et qu'ils ne pouvoient descendre. Je les ai rejetés. Les Iroquois ont démenti cette parole et donné des branches pour les encourager à descendre. Ils ont répondu qu'ils y consentoient. Le soir, arrivée du Détroit d'un parti ottawa pour Montréal ; l'on m'en annonce beaucoup.

Le 20. — J'ai congédié les Loups qui retournent dans leurs villages.

Le 21. — Départ des Loups pour leurs villages. Le soir, les Ottawas m'ont parlé ; ils étoient bien fâchés de n'avoir pas eu de l'eau-de-vie. Je les ai engagés à partir le lendemain ; ils sont ici au nombre de cent, hommes, femmes et enfants.

Le 22. — Départ de La Broquerie avec quatorze Loups et trente-six Ottawas. La mère de Techicabaoui m'a dit que son fils avoit fait coup, parce que depuis dix jours, elle a senti ses mamelles tressaillir et que depuis elle ne sent plus rien, et que c'est une remarque qu'elle a toujours trouvé sûre. Cette réflexion a été assez juste ; son fils a fait coup au fort Georges à peu près dans ce temps.

Le 23. — J'avois fait attendre aux bâtiments les Hurons que l'on m'avoit annoncés.

Le 24. — Arrivée de M. de Mézière des Ouillas, avec quatre Acadiens désertés des Anglois de la Caroline ;

7

ils sont venus tomber dans l'Ohio près de son embouchure. Ce sont des plus considérables de cette colonie.

Le 25. — Un Mississagué m'est venu annoncer qu'il partoit pour aller chercher du monde et partir par les barques prochaines.

Le 26. — Les Acadiens m'ont dit que les Anglois de la Caroline n'avoient dans leur capitale que quarante hommes, milices de garnison ; que ce pays seroit fort aisé à ravager, les habitations étant extrêmement étendues ; que les Anglois avoient fait construire un fort du côté de Chérakis dans les eaux de la rivière de Mississipi.

Le 27. — Des Iroquois m'ont envoyé une parole pour leur donner des munitions et du vermillon.

Le 28. — Des Tsonnonthouans me sont venus demander d'avoir pitié d'eux, et qu'à leur retour ils alloient en guerre.

Le soir, j'ai appris que les Hurons étoient au Platon *(sic)*, au nombre de trente. Nous avons aussi eu une alerte des Ottawas, ayant dit avoir rencontré trois sauvages matachés qu'ils n'entendoient pas ; nous avons envoyé un détachement de seize hommes de troupes, un officier et autant de sauvages, loups, ottawas et iroquois qui ont battu l'estrade et n'ont rien découvert de suspect.

Le 29. — J'ai appris que les Têtes-Plates avoient brûlé deux hangars dans la Caroline et tué ceux qui les gardoient, ayant feint d'être amis et venus là pour offrir leurs services contre les François. Cette nouvelle vient des Iroquois venus de guerre de la Belle-Rivière. Arrivée de ... Hurons allant en guerre. Le soir, arrivée de M. de Bellestre, avec des Ouillas et Miamis au nombre de dix-sept.

Le 30. — J'ai appris par des sauvages que MM. de la Saussaye et Bellestre, fils, et un autre officier que l'on ne m'a pas pu nommer, étant allés en parti avec cent sauvages et sept autres François, les sauvages, ennuyés de ne rien trouver, avoient quitté les François pour aller chercher à faire coup; que ceux-ci à leur tour, s'ennuyant, avoient pris le parti de s'en revenir; que les trois officiers et trois François qui étoient devant étoient tombés dans une embuscade; que les quatre autres qui suivoient, entendant le feu de la mousqueterie, avoient fui, et ont dit qu'ils croyoient leurs camarades tués ou pris avec ces officiers. Ils ont aussi dit qu'il y avoit eu deux sauvages tués dans leurs déserts près du fort Duquesne.

Le 1er juillet. — J'ai eu un conseil, où les Iroquois ont assuré par un collier aux Hurons, Ouillas, Miamis et Ottawas qu'ils avoient pris la haché de leur père et qu'ils ne la quitteroient plus. Je les ai fait fumer et boire à la santé les uns des autres. Ils ont tous été contents de la connoissance.

Le soir, un Tsonnonthouan de Canestio est arrivé, qui m'a dit que le gouverneur de Philadelphie leur avoit envoyé des paroles pour aller en conseil avec lui; qu'il les avoit rejetées; que derechef il avoit envoyé des médailles, des hausse-cols et un beau calumet avec des cercles d'argent, par un Iroquois, avertissant ceux qui viendroient de les porter au col; que ces présents ne devoient passer que chez les Tsonnonthouans; qu'on les portoit dans les villages, mais qu'ils n'avoient pas fait d'effet.

Le soir, arrivée d'un courrier du fort Duquesne. M. Des Ligneris m'annonce l'aventure des trois officiers et des trois Canadiens.

Le 2. — L'après-midi, les Ouillas ont répondu aux Iroquois par le même collier vermillonné. Ils les ont encouragés à suivre la volonté de leur père et de ne point écouter de mauvaises paroles ; qu'ils étoient bien fâchés d'avoir suivi celle des Hurons, qui, aussi bien qu'eux, avoient toujours fait de belles promesses sans rien exécuter, et qu'ils les invitoient par ce collier à m'apporter de la viande. Ils ont dit aux Hurons qu'ils avoient de l'esprit, qu'ils étoient de la prière, qu'ils alloient à la messe, qu'ils les conseilloient d'en faire usage pour suivre la volonté de leur père, comme ils faisoient eux-mêmes, quoiqu'ils n'eussent pas d'esprit *.

Le 3. — Départ des Hurons avec mes dépêches pour Montréal.

Le 4. — Un chef iroquois m'a dit que, quoique porté de bonne volonté, il avoit relâché, parce qu'on lui avoit présenté, et à son parti de dix-huit hommes, deux médailles et un hausse-col d'argent ; ce qui leur avoit fait mettre leurs équipages au croc. Il m'a donné des

---

* Cf. *Mémoire sur la dernière guerre*, par le capitaine Pouchot, Vol. I, p. 99, où se trouve rapporté à peu près dans les mêmes termes le récit contenu dans ce paragraphe. A l'exception de ce passage, il n'y a à peu près rien dans les *Mémoires de Pouchot* de ce que contient le présent *Journal*. On voit par là qu'il remplit une lacune réelle.—Note de l'éditeur.

paroles pour équiper six de ses hommes, douze l'étant déjà, et m'a demandé des vivres pour sa famille.

Deux Loups de Théoga, arrivés le soir, m'ont dit que tout étoit tranquille chez eux, qu'il devoit m'arriver deux partis avec des prisonniers.

Le 5. — Arrivée de Techicabaoui, qui a eu un homme blessé.

Le 6. — J'ai congédié des Mississagués et invité Techicabaoui à venir au coup de la Pointe ; il m'a promis d'y rêver.

Les Miamis sont arrivés et m'ont beaucoup assuré de leur zèle et invité à les laisser traiter de l'eau-de-vie et des draps.

Les Iroquois de Kanoagon m'ont aussi demandé à traiter de l'eau-de-vie. Je leur ai conté les nouvelles.

J'ai appris par des Loups et gens de Tateyonon, que, depuis peu, ils avoient été chez Johnson, qu'il pouvoit avoir autour de son village de cinq à six cents hommes en uniformes bleus et des Ecossois. Ils m'ont dit que Johnson leur avoit dit qu'il vouloit se retirer de crainte qu'on lui levât la chevelure ; qu'il leur avoit refusé du rhum en payant et en présent, leur disant qu'ils en demandassent aux François pour qui ils faisoient la guerre ; qu'on leur y avoit peu donné à manger, et en payant ; qu'ils avoient entendu dire à des sauvages que je les traitois bien ; qu'ils étoient venus me voir, comptant que j'aurois pitié d'eux.

Le soir, arrivée des Kikapous qui vont à Montréal.

Les Tateyonons m'ont dit qu'il m'arrivoit des Chaouénons et Loups qui m'amenoient des prisonniers.

Le 7. — Les Kikapous et Mascoutins sont venus m'annoncer qu'ils venoient pour descendre à Montréal, m'ont donné des branches pour faire voir que le chemin qu'on leur avoit tracé étoit toujours bien découvert. Ils m'ont demandé de les favoriser de leurs traites.

J'ai équipé six Tsonnonthouans d'un parti de dix-huit hommes, qui m'ont promis d'aller en guerre derrière Orange, et qu'il étoit parti un autre parti de vingt hommes.

Le 8. — Arrivée des Iroquois et Loups de la Belle-Rivière en traite, et des Ottawas du Détroit.

Le 9. — Départ de M. de Bellestre et sept canots de sauvages. Arrivée de quarante Iroquois pour me conter des nouvelles par des branches. Ils m'ont dit que le gouverneur de Philadelphie les avoit envoyé chercher avec trois médailles, deux hausse-cols et une coquille d'argent et un calumet que devoient porter les députés ; qu'ils vinssent dans la huitaine ; qu'ils trouveroient des vivres. Ils l'ont refusé. Ils m'ont dit que les Loups et Chaouénons étoient allés avec des chevaux chercher des vivres.

Le 10. — Les Ottawas m'ont demandé en conseil de savoir leur dire quand ils auroient de l'eau-de-vie et de quoi traiter. Je leur ai répondu que je ne demandois pas mieux que de les envoyer ; mais que je ne pouvois pas leur dire quand cela seroit ; que j'espérois que ce seroit par le retour des barques.

Conseil avec les Iroquois. Ils m'ont donné des branches pour ouvrir le bouchon de mon lait, qu'ils s'apercevoient depuis quelque temps qu'il étoit bien fermé. Par d'autres branches, les dames et les guerriers m'ont prié de leur donner quelque chose et du vermillon pour plaire aux guerriers ; qu'ils n'avoient pas le temps d'aller à la chasse pour leur procurer leurs besoins qu'ils ne trouvoient plus chez l'Anglois ; par d'autres branches, d'engager le traiteur à avoir piété d'eux, de les bien traiter et de remplir toujours le baril, lorsqu'il en manqueroit ; par d'autres branches, ils m'ont engagé à faire ce qu'ils me demandoient et d'y faire attention.

Les guerriers, par des branches, m'ont demandé de la poudre, des balles, du vermillon ; ils m'ont dit que M. Des Ligneris devoit m'avoir écrit, qu'il étoit bien content d'eux, qu'eux aussi avoient été bien contents de lui, qu'il leur avoit donné de tout, et qu'il avoit eu les mamelles ouvertes des deux côtés pour eux ; qu'il leur avoit dit qu'il étoit peu en état de leur donner, parce qu'il étoit éloigné, mais qu'ils trouveroient de tout à Niagara comme à Montréal.

Je leur ai répondu, comme aux Ottawas, que je les satisferois quand le lait seroit venu ; que j'étois surpris que leurs guerriers ne fussent pas tous contents de moi ; que j'avois donné à tous ceux qui m'étoient venus voir et qui m'avoient dit qu'ils alloient ou venoient de guerre ; que je les avois crus sur leur parole, quoiqu'ils ne me fissent rien voir, et que je connoissois quelques-uns d'eux qui s'étoient fait équiper jusques à trois fois ; que je parlois à des chefs de guerre ; que je leur demandois que, lorsque quelques-uns iroient en guerre, ils vinssent ici ensemble, ou le chef ; que je l'équiperois et ceux qu'il me proposeroit, ou à leur retour ; que, s'ils venoient seuls, je demandois qu'ils m'apportassent quelques preuves comme quoi ils y avoient été.

Ils m'ont amené une vieille femme, prise le 1ᵉʳ mai par un de mes partis de quarante hommes. Elle m'a dit qu'elle a été prise sixième, qu'ils avoient eu du monde tué, que ces sauvages étoient vingt-quatre, qu'elle ignoroit le nombre de leurs gens qui avoient péri, que sa maison et sa grange avoient été brûlées ainsi que plusieurs autres, qu'elle s'appeloit Muller. Elle habite sur la branche est de la Susquehanna. Il y a deux forts auprès de chez elle ; mais elle ignore le monde qui est dedans, et je le crois. C'est une Allemande.

Des Tateyanons m'ont demandé par des branches données par les Iroquois d'avoir pitié d'eux, qu'ils vouloient ouvrir un chemin pour venir ici, qu'ils avoient appris que je traitois bien les sauvages.

Le 11. — Arrivée d'un canot de Toronto et de douze sauvages de la rivière de Saint-Joseph.

Le 12. — Arrivée du chef tsonnonthouan qui a remplacé Caitoton, suivi de trois autres qui n'étoient pas encore venus ici. Ils m'ont dit que leurs chefs, qui avoient été chez les Agniers, n'étoient pas encore de retour ; qu'ils craignoient de sortir de chez les Anglois, crainte qu'on ne leur jouât quelque tour ; qu'ils étoient venus par un chemin nouveau, le long d'une côte, beau chemin sans marécages et qui abrégeoit de trente lieues ; que les Anglois disoient toujours devoir venir au fort Duquesne, au fort Machault et ici, par la rivière de Canestio, avec cent bateaux ; qu'un parti de six Loups, étant en guerre, avoit trouvé un Anglois seul dans un canot, que celui-ci ayant été avertir au fort qu'il avoit découvert des sauvages, le commandant l'avoit renvoyé rôder dans cette partie, tandis qu'il les faisoit cerner ; que cet homme, étant allé, avoit été tué et cinq Loups. Ils m'ont dit avoir quatre partis en campagne, qui nous donneroient des nouvelles des Anglois.

Le 13. — Les principaux chefs tsonnonthouans sont venus m'assurer qu'ils suivront les traces de Caitoton et du Petit-Chef ; qu'ils vouloient toujours rester unis avec leur Père, et Chabert, leur fils. Il est arrivé un Loup du village, qui m'a confirmé leur aventure ci-dessus, et qu'il étoit parti un détachement pour venger cette mort.

Le 14. — J'ai congédié les dames du conseil iroquoises avec des présents. Les chefs leur ont remontré combien elles devoient être contentes du traitement que je leur avois fait. Tous m'ont beaucoup fait de compliments et m'ont remercié de ce que Chouaguen étoit rasé, puisque nous leur conservions le moyen d'avoir de l'eau-de-vie. M. de Joncaire partit pour aller former des partis pour Orange avec son frère au petit fort.

Le 15. — Les Ottawas m'ont parlé pour s'en retourner.

Le soir, arrivée de Baby du fort Duquesne. M. Des Ligneris me mande que les prisonniers débitoient toujours que les Anglois devoient l'attaquer cette année ; mais nos partis n'ont vu aucun mouvement. Il a actuellement quatre cents hommes sur toute la frontière de son voisinage en parti.

Le 16. — Il a été tenu un conseil de chefs tsonnon-thouans au petit fort pour former des partis ; ils ont accepté les colliers.

Le 17. — Les Ottawas sont partis, n'ayant pas le temps d'attendre les bâtiments.

Le 18. — Un Chaouénon venu avec Baby m'a dit que le Maître de la vie avoit déterminé qu'il fût à Montréal ; que ses chefs n'avoient pu s'accorder pour descendre, mais qu'au printemps j'en verrois beaucoup ; que lui, quoique seul, il étoit déterminé à descendre à Montréal. Il m'a raconté que quatre Chaouénons s'étoient députés, deux chez les Chactas et deux chez les Chicasas qui étoient en guerre ; qu'ils avoient fait faire la paix ensemble à ces deux nations et leur avoient offert leurs haches, qui n'étoient que de bois, contre l'Anglois, mais qu'ils y joignoient celles de leurs pères, qui étoient de fer. Ils l'ont accepté de bonne grâce, disant qu'ils ne connoissoient pas le François ; mais qu'ils le croyoient bon, puisqu'ils l'aimoient tant. De là, ils ont passé avec eux chez toutes les nations du Sud, frontières de la Louisiane et des Anglois, qui toutes ont accepté le parti et sont allées dans la Louisiane prendre des armes, qu'on leur a données abondamment, ainsi que des présents, et ils sont repartis pour frapper l'Anglois. Plusieurs de ces nations ont promis de se venir établir sur la Belle-Rivière. J'ai appris que le gouverneur de Pensylvanie avoient envoyé des branches aux Cinq-Nations pour leur dire que, puisqu'ils étoient absolument déterminés à frapper, ils fussent en Virginie et ne passassent point sur ses terres.

Le 20. — M. de Montisambert est arrivé avec onze Loups et six Iroquois qui descendent à Montréal. Ils rapportent que les prisonniers annonçoient toujours un mouvement de la part de l'ennemi, mais que nos partis

n'avoient rien aperçu que de la dévastation. Ils ont
tous amené chevelures et prisonniers. Il y en a actuellement plus de trois cents en campagne. Ils m'ont
annoncé le retour de quelques-uns des miens avec des
prisonniers et chevelures.

L'après-midi, est arrivé un Goyogouin, neveu de
Toniaac, qui m'a dit qu'il étoit parti pour guerre, mais
que leur parti en avoit rencontré un autre qui avoit
tué trois hommes; qu'il leur avoit remis une chevelure,
ce qui l'avoit fait relâcher, mais qu'il ne se tenoit pas
quitte pour cela; qu'ils vouloient en aller chercher eux-
mêmes; que leurs chefs leur avoient dit de ne pas
partir encore, jusqu'à ce que leurs chefs, qui avoient été
chercher les Agniers, fussent de retour; mais qu'ils leur
recommandoient toujours de tenir la hache bien serrée,
et que, s'il leur arrivoit quelque chose, ils se lève-
roient et iroient frapper du côté où ils auroient eu le
mal. Ces avis avoient empêché tous les Goyogouins de
marcher, quoiqu'ils fussent tous prêts et bien disposés;
qu'ils attendoient de savoir ce que leur diroit Johnson;
que, dans le temps qu'ils partoient, étoient arrivés un
homme et une femme, qui avoient été à Philadelphie en conseil, sur les paroles qu'avoit envoyées ce
gouverneur; qu'ils ne savoient pas ce qu'ils rapportoient, mais qu'ils avoient entendu dire qu'il y avoit
plus de cent quarante sauvages de différentes nations;
qu'ils se croyoient heureux de s'être sauvés; qu'on les
menaçoit de leur faire un mauvais parti; que les sauvages étoient si mécontents qu'à leur retour ils s'étoient
débandés par petits partis pour faire coup sur l'Anglois;
que, dès que leurs chefs seroient de retour de chez

Johnson et les Agniers, ils viendroient ici me rendre compte de ce qui se seroit passé, et d'autres iroient à Montréal; que son oncle, qui avoit su qu'il venoit me voir, l'avoit invité à me dire tout ceci.

Le 21. — Arrivée de quatre Loups qui m'ont annoncé un parti avec un prisonnier. Il m'est aussi arrivé le grand chef du petit village des Tsonnonthouans.

Le 22. — Les bâtiments sont arrivés ; et, n'ayant point reçu d'eau-de-vie ni marchandises pour la traite, ce qui a fort attristé les sauvages qui depuis longtemps attendent, je le leur ai annoncé de façon à les faire patienter et prendre leur parti. Plusieurs chefs se sont résolus à descendre à Montréal. Il m'est arrivé une quantité singulière de Tsonnonthouans. Ils m'ont annoncé qu'un parti de quatre hommes, partis depuis vingt jours, me rapportoit une chevelure ; et le grand chef de guerre, m'a assuré de son attachement aux François, et qu'il seroit flatté d'avoir une médaille du gouverneur. Pour me prouver ses services, il m'a conté les partis qu'il avoit faits pour guerre depuis trois mois, qui avoient pris ou tué vingt hommes.

J'ai équipé un parti de sept hommes, dont deux neveux et cousin de ce chef, qui partent tout de suite pour guerre. Sayoons et la Lèvre-Coupée sont de retour avec une chevelure que leur a remise un parti iroquois qui avoit deux prisonniers et cinq chevelures. Les Mascoutins et Kikapous m'ont donné un grand collier pour leur faire donner de l'eau-de-vie en traite.

Le 23. — Les chefs ottawas m'ont dit qu'ils descendoient à Montréal et que leurs femmes s'en retourneroient. Les Mascoutins veulent attendre. Le chef du

petit village m'a dit par des branches : " Mon père,
" depuis que vous avez mis notre frère l'Anglois sous
" les pieds et que vous avez ruiné notre maison de
" Chouaguen, nous voyons bien que nous sommes à
" plaindre ; nous manquons absolument de tout. Jugez-en
" par nos équipements. Vous nous avez dit que nous
" trouverions chez vous de tout, et nous n'y trouvons
" rien ; nous n'avons pas de quoi nous couvrir, point
" d'eau-de-vie. Je viens vous demander quelles sont
" vos intentions pour nous ".

Par d'autres branches : " Mon père, nous sommes
" partis de notre village mourants de faim. Depuis que
" nous avons pris votre hache, nous mourons de faim
" dans nos villages. Nous venons mourir ici, si tu n'as
" pas pitié de nous jusqu'à ce que notre récolte soit
" mûre. Nous sommes quatre cabanées ".

" Par des troisièmes branches : " Mon père, je viens
" me jeter entre tes bras ; aie pitié de moi. Tu nous
" vois tous nus ; écoute ce que nous te disons et fais-y
" attention. Depuis que tu as détruit notre maison,
" nous n'avons plus d'autre recours ".

Le 24. — J'ai eu un grand conseil avec des Iroquois,
Loups et Chaouénons de la Belle-Rivière qui descendent à Montréal avec M. de Montisambert ; ils vouloient s'en retourner, je les ai enfin déterminés à
continuer leur route.

Le 25. — Arrivée de M. La Moëlle avec plusieurs
Loups et Chaouénons.

Départ de plusieurs Ottawas.

Le 26. — Les Loups et Chaouénons de la Belle-
Rivière me sont venus dire, que, puisque M. de Monti-

sambert et leurs camarades étoient partis, ils s'en
retournoient. Il m'a encore fallu des cérémonies pour les
engager à suivre leur chemin, ce qu'ils m'ont enfin
promis ; et m'ont dit comme les autres que ce qui les
avoit engagés à relâcher, c'est qu'on les avoit mal reçus
dans les postes et que je les avois mal couchés. Une
bouteille d'eau-de-vie a raccommodé le tout ; elle a mis
en train le chef chaouénon qui a **vendu** toute sa porcelaine à des Iroquois pour en avoir, et s'est soûlé à être
malade.

Le 27. — Arrivée d'un parti de Loups, au nombre de
trente, avec une chevelure et une prisonnière. Elle
s'appelle Marie-Blanche, native de Schangen, contrée de
Soupusa *(sic)*, province de Nouvelle-York, à dix lieues
de la rivière Hudson, à quatre journées de New-York et
un peu moins d'Albany, établie depuis trois ans. Son
mari a été tué. Il n'y a aucun fort à côté de chez elle ;
les habitations sont éloignées l'une de l'autre d'une lieue.
C'est le premier coup qui ait été fait dans cette partie,
il y a environ quarante jours. Elle a dit que l'on n'a
point fait de commandement pour lever des troupes
cette année, que l'on avoit levé cette année dans son
village, qui est un nouvel établissement, cent quarante
livres ; que, l'année dernière, l'on avoit levé des hommes,
des chevaux et chariots, qui avoient resté dehors plus
de quatre mois, sans rien faire et sans avoir eu aucun
payement ; qu'ils étoient venus très maigres et délabrés ;
que Johnson étoit toujours celui qui se mêloit de conduire leurs affaires, mais qu'il ne se donnoit aucun
mouvement et ne songeoit qu'à boire ; que l'on débitoit
que, si cette année il ne faisoit rien, on le tueroit et l'on

se rendroit aux François ; qu'elle avoit entendu dire
que, depuis trois mois, il y avoit une flotte à New-York
prête à partir, mais qu'elle ne l'étoit pas encore lorsqu'elle a été prise. Elle ne sait pas s'il y a des troupes
dessus, ni qu'il y en ait dans le voisinage destinées à
cela, que l'on disoit que cette flotte devoit aller au Cap-
Breton.

Le chef loup m'a dit qu'il avoit suivi ma volonté,
qu'il avoit été me chercher de la viande fraîche, comme
il me l'avoit promis ; qu'il avoit passé dans des croisées
de plusieurs chemins, où il avoit vu beaucoup de pistes ;
qu'il avoit même vu une vingtaine d'hommes ensemble,
qu'ils n'ont pu attaquer parce qu'ils n'étoient que cinq,
quoiqu'ils fussent partis beaucoup ensemble, mais qu'ils
s'étoient dispersés ; qu'il avoit passé une grande montagne ; qu'en la descendant, il avoit trouvé la piste
d'un homme qu'il avoit suivie trois jours jusqu'à des
habitations ; qu'il avoit été caché dans des ruines de
maisons ; qu'il avoit de là vu passer du monde sans
pouvoir frapper ; qu'à l'entrée de la nuit il avoit allumé
du tondre *(sic)* pour mettre le feu à une habitation, ce
qui avoit donné l'alarme, qu'une vieille étant sortie, il
n'avoit pas voulu la tuer ; qu'un homme parut sur la
porte avec un fusil ; qu'il le jeta à terre et que la
femme qu'il m'amène étant sortie aussi, il la prit ; le
feu a consumé la maison et les autres cadavres. Il m'a
dit que toutes les nations chez qui il avoit passé, qui
sont même chez l'Anglois, alloient toutes en guerre sur
lui ; qu'il n'avoit vu que du noir dans ce côté, et qu'il
ne voyoit clair que dans cette partie ; qu'il me prioit
d'avoir pitié d'eux ; qu'il y avoit deux ans qu'ils

faisoient la guerre continuellement ; qu'ils étoient nus, qu'ils n'avoient ni poudre, ni balles, ni casse-têtes, ni lances ; que, dès qu'ils se seroient reposés un peu ici, ils s'en retourneroient et ne resteroient qu'une nuit au village, qu'ils avoient le cœur mal fait contre un village irlandois proche de celui où ils avoient frappé ; qu'ils vouloient le ravager.

Le nommé Charles Peller, Bavarois, prisonnier fait en Pensylvanie par un parti iroquois parti d'ici il y a près de trois mois, dit être dans ce pays depuis neuf ans, charpentier de profession, d'une compagnie franche dont le capitaine s'appelle Harmestran ; que sa compagnie est de soixante hommes ; qu'il ne sait pas combien il y en a ; qu'elles sont en garnison dans de petits forts, dont il y en a plusieurs au débouché des montagnes contre les sauvages ; qu'ils peuvent contenir cent hommes, tous en pieux debout ; que celui où il a été pris s'appelle Kanegouhi, du nom de la rivière sur laquelle il est. Il dit avoir entendu parler du fort de Schamoken, qu'il n'étoit pas de considération et ne pouvoit pas contenir trois cents hommes, que le fort de Kanegouhi est éloigné de cent soixante milles de Philadelphie. Il dit qu'il n'y a que cinq cents hommes en garnison à Philadelphie.

Le 28. — Les Tateyonons sont partis ; le fils du grand chef du village y étoit ; il a promis de faire un parti en arrivant et de m'amener un prisonnier, si Dieu veut le conserver. Il est parti deux partis tsonnonthouans et goyogouins pour aller frapper à Orange et il s'en forme plusieurs autres.

Le 29. — Il est revenu des sauvages de Toronto, qui y ont fait leur traite. Il en est parti tout de suite huit canotées de différentes nations pour tirailler. Arrivée de trente Loups, presque tous vieillards, femmes et enfants ; ils ont dit que les hommes étoient tous en guerre, qu'ils avoient faim, qu'ils me prioient d'avoir pitié d'eux. Un Goyogouin est venu, qui porte deux chevelures angloises qu'il a faites pour remplacer au chef goyogouin de la Belle-Rivière.

Du 30. — Arrivée d'un de mes partis iroquois domiciliés de treize hommes. Ils ont fait quatre chevelures tout proche de Schamoken. Ils m'ont dit que ce fort étoit presque aussi grand que celui-ci, terrassé à couvrir les maisons, des pieux en dedans ; que ce fort étoit extrêmement commandé par deux montagnes ; qu'il n'y avoit presque pas de déserts ; qu'il leur paroît aisé à prendre ; que, le long de la rivière, il y a un petit fort, ensuite un plus grand, et encore plus loin un autre ; qu'il leur a paru y avoir beaucoup de monde ; que ceux qu'ils ont tués menoient paître des troupeaux qu'ils escortoient ; qu'ils croyoient bien avoir tué un chef parce qu'ils n'avoient apporté que de la peau, ayant la tête rasée.

Le 31. — Arrivée de trente-huit Loups, presque tous vieillards, femmes et enfants, qui m'ont demandé de les couvrir et à manger ; tous leurs gens sont en guerre.

Le 1er août. — J'ai équipé trente-trois Loups du parti qui m'ont amené la prisonnière. Ils m'ont promis de refaire un parti dès qu'ils seroient de retour à leurs villages, je leur ai fait accepter un officier françois pour aller avec eux.

8

J'ai aussi équipé quatre Tsonnonthouans qui forment un parti de guerre. Le cousin de Caitoton m'a aussi dit qu'il alloit former un parti pour venger la mort de ce chef.

J'ai équipé le parti iroquois qui m'a apporté deux chevelures ; le chef m'a donné une parole pour en reformer un autre tout de suite.

Un des quatre Tsonnonthouans que j'ai équipés, revenoit de guerre, où il a été blessé au travers du bras et dans les reins d'un coup de fusil chargé à poudre. Il dit qu'ils ont tué quinze hommes dans ce coup, et que, lui, ce qui le consoloit d'avoir été blessé, c'est qu'il avoit tué le chef.

Le 2. — Arrivée de quarante Tsonnonthouans qui ont été en guerre, où sont les principaux chefs. Ils m'ont raconté leur expédition.

Le soir, arrivée de quarante Goyogouins et d'un canot du Détroit, qui nous a appris qu'il revenoit beaucoup de partis sauvages, tous avec des prisonniers et des chevelures.

Le 3. — Les chefs de guerre tsonnonthouans ont tenu des conseils, ensuite m'ont fait appeler pour me dire combien ils étoient disposés à suivre la volonté du défunt Caitoton en conservant la hache d'Ononthio qu'ils avoient éprouvée et qui étoit bonne. Je leur ai donné un collier pour la raffiler ; ils ont témoigné combien ils en étoient satisfaits, et qu'ils voudroient que je leur dise, qui je voudrois qu'ils remplacent *(sic)*. Je les ai laissés les maîtres du choix. Ils m'ont dit qu'ils ne vouloient plus la quitter, et que plus l'Anglois pleureroit, plus ils seroient charmés de le frapper. Le soir,

ils me sont venus dire qu'ils destinoient ce collier,
puisque je les en laissois les maîtres, pour remplacer la
feue Blanche du Sault-Saint-Louis qu'ils regrettoient
beaucoup ; qu'ils alloient traiter quelques pelleteries ;
qu'ensuite ils retournoient au village où ils régleroient
avec Jonquière leur départ, qui seroit prompt. Ils
ont reçu des présents considérables.

Les Goyogouins me sont venus dire par des branches
d'avoir pitié d'eux, de donner à leurs femmes du vermillon pour pouvoir ajuster leurs *couettes* *, et des
munitions pour pouvoir envoyer à la chasse, pour avoir
de quoi les couvrir, que nous étions à présent seuls à
les pourvoir de leur nécessaire ; que nous ne nous
fâchions pas de leurs demandes indiscrètes ; que les
guerriers me faisoient la même demande. Ils m'ont
dit que l'on avoit débité que nous devions faire passer
une armée par la Pointe, une dans la rivière de Chouaguen et une autre qui devoit partir de Niagara pour
passer à travers leur pays et aller par delà Orange, je
leur ai dit ce qui en étoit ; ils m'ont dit qu'ils ne
savoient pas qu'il eût passé des troupes depuis le passage de ce printemps, et qu'ils ne savoient pas s'il y
avoit d'armée à la Pointe. Ils m'ont dit que leurs
chefs étoient partis, il y a vingt et un jours, pour Montréal, et que ceux qui avoient été chez les Agniers étoient
de retour depuis bien peu de jours ; que, demain ou
après, j'en apprendrois des nouvelles.

---

* C'est-à-dire les tresses de leurs cheveux.

Déposition de Marie-Catherine Heilerin, prise par des Loups, adoptée en remplacement de Caitoton, chef tsonnonthouan

Elle a son père et sa mère, elle a été prise dans une habitation seule dans des bois, à deux jours de marche de Philadelphie, sur le chemin de la Virginie et de Lancaster ; elle a été prise en mai. Elle dit que le gouverneur de Virginie avoit auprès de lui environ quatre cents sauvages, et d'autres qui venoient en petit nombre en parti. Elle dit qu'il y a un fort à quatre lieues de son habitation, et un autre à quinze lieues ; qu'il y a des troupes chez elle, mais peu ; que ces forts sont de pieux et bâtis depuis peu. Elle dit qu'elle n'a point vu passer de troupes du côté du fort Cumberland, mais qu'il en étoit beaucoup passé pour aller à la Pointe.

RELATION DE LA CAMPAGNE DU CANADA

JUSQU'AU 20 AOUT 1757 *

Le défaut de subsistances et le retour des vaisseaux de France avoient empêché le marquis de Vaudreuil de faire aucune entreprise. Au commencement de la campagne, il s'étoit contenté d'envoyer à Carillon, dans les premiers jours de mai, les bataillons de Royal-Roussillon et de Béarn, aux ordres du sieur de Bourlamaque, colonel, avec quatre cents hommes des troupes de la marine et un grand nombre d'ouvriers en tout genre. Cet officier eut ordre de mettre le fort de Carillon en état de défense et d'occuper par des postes l'entrée du lac Saint-Sacrement pour éclairer les démarches de l'ennemi. Les bataillons de la Sarre et de Guyenne étoient restés à Saint-Jean et à Chambly, en deça du lac Champlain, et avoient ordre de se porter à Carillon au premier avis que le sieur de Bourlamaque auroit donné que l'ennemi vouloit entreprendre sur cette partie.

---

* Ce journal n'est pas signé. Si on le confronte avec la partie correspondante du *Journal de Lévis*, on verra qu'il s'en rapproche, bien que les deux récits soient distincts. Quelques phrases seulement ont la même rédaction. — NOTE DE L'ÉDIT.

Vers le 10 juin, le marquis de Vaudreuil eut les premières nouvelles de France et il apprit que la cour d'Angleterre avoit formé le projet d'une entreprise sur Louisbourg ou Québec.

Il sut en même temps par les prisonniers que faisoint journellement les détachements de sauvages partis de Carillon, que le lord Loudon étoit sur le point de s'embarquer pour une expédition maritime. Ces nouvelles le déterminèrent à profiter de son éloignement pour faire le siège du fort Georges, espérant que les troupes seroient de retour assez tôt pour courir au secours de Québec, si l'ennemi, contre toute apparence, réussissoit à s'en approcher.

Il envoya donc ordre au sieur de Bourlamaque de faire les préparatifs de cette expédition. Il rassembla ses milices et fit défiler un grand nombre de sauvages. Le fort Georges que les Anglois nommoient William-Henry, étoit situé à l'extrémité méridionale du lac Saint-Sacrement. Ce lac communique au lac Champlain par une rivière ou plutôt un torrent qui coule sur des rochers et n'est navigable qu'à une demi-lieue du lac Champlain. C'est au confluent de cette rivière et de ce dernier lac qu'est situé le fort Carillon. Ainsi pour se rendre de ce fort à l'entrée du lac Saint-Sacrement, il faut faire un portage d'une petite lieue.

Nous n'avions sur le lac Saint-Sacrement qu'un très petit nombre de bateaux légers qui servoient aux découvertes. Il falloit donc y transporter par terre près de trois cents bateaux, un grand nombre de canots sauvages, toute l'artillerie et les vivres nécessaires pour l'expédition, sans autre secours que celui des hommes.

Le chevalier de Lévis, brigadier, arriva à Carillon dans les premiers jours de juillet avec les bataillons de la Reine, la Sarre, Languedoc et Guyenne ; il se plaça avec ces troupes à l'entrée du Portage et commença le transport des bateaux, qui se fit avec la plus grande vivacité.

Le marquis de Montcalm arriva le 15 juillet avec le sieur de Rigaud, les sauvages des pays d'En-Haut et le reste des troupes de la marine et des milices. Il travailla aussitôt à donner à ces deux derniers corps une forme convenable, à concilier l'esprit des nations sauvages et à accélérer les transports.

En attendant que les préparatifs fussent achevés, il envoya à la guerre plusieurs détachements sauvages et canadiens. Un parti plus considérable que les autres qu'il avoit envoyé s'embusquer sur le lac, fit rencontre de trois cents Anglois partis du fort Georges pour venir attaquer nos camps avancés ; cent quatre-vingts Anglois furent pris ; le reste fut tué ou noyé.

Le chevalier de Lévis avoit envoyé aussi un gros détachement de sauvages du côté du fort Lydius pour donner le change aux Anglois et attirer leur attention de ce côté-là. Le parti surprit une garde avancée qui fut mise en pièces.

Enfin, le 30 juillet, au matin, le marquis de Montcalm fit partir le chevalier de Lévis et le sieur de Senezergues, lieutenant-colonel, à la tête de six compagnies de grenadiers, de huit piquéts, de treize cents miliciens et de cinq ou six cents sauvages pour se rendre par terre au fort Georges en suivant la côte de l'Ouest.

Il eut ordre de s'arrêter à la baie de Ganaouské, quatre lieues en deça du fort, et le marquis de Montcalm convint avec lui des signaux de reconnoissance.

Ce détachement par terre avoit pour objet d'assurer la marche de l'armée, en se rendant maître de la côte, et d'assurer le débarquement à l'endroit qu'on croiroit le plus convenable.

Le marquis de Montcalm se mit lui-même en mouvement, avec le reste de l'armée et toute l'artillerie, le 1er août à trois heures après-midi, précédé de plus de cent cinquante canots de sauvages.

Il arriva à la baie de Ganaouské à deux heures après-minuit et y trouva le chevalier de Lévis qui s'y étoit rendu en trois jours d'une marche très pénible. Il le fit repartir à neuf heures du matin pour prendre poste plus près du fort, et, s'étant mis en marche à midi, toute l'armée se trouva rassemblée à une petite lieue des ennemis à onze heures du soir. Elle y fit halte, et le 3 au point du jour, le marquis de Montcalm, ayant laissé une garde suffisante pour la sûreté de l'artillerie et des bateaux, fit mettre l'armée en bataille et dirigea sa marche vers le fort Georges, ayant la gauche au lac et la droite à la montagne. Elle étoit précédée du détachement que commandoit le chevalier de Lévis, chargé de faire l'avant-garde.

Les deux chaînes de montagnes qui bordent le lac Saint-Sacrement des deux côtés, se réunissent derrière le fond du lac en formant un grand cintre qui environne le lieu où étoit le fort Georges, à six ou sept cents toises de distance. L'extrémité du lac qui peut avoir une demi-lieue d'étendue, sert de diamètre à ce cintre.

Le fort étoit situé sur le bord du lac; un marais formé par un ruisseau qui tombe des montagnes, défendoit le fort du côté de l'est ; au delà du marais est une hauteur aboutissant d'un côté au lac par une pente douce, et de l'autre au chemin qui mène au fort Lydius et à Orange. Les ennemis avoient établi sur cette hauteur deux mille hommes, dans un camp retranché.

Ainsi pour investir passablement le fort et le camp, il auroit fallu se porter derrière la hauteur du camp retranché, masquer le chemin d'Orange par un gros corps et répandre des troupes au pied des montagnes en suivant le grand cintre avec des postes sur la hauteur.

Le chevalier de Lévis n'ayant pas trouvé les ennemis au débouché du bois, comme on s'y attendoit, continua sa marche, et faisant le tour le long des montagnes, se rendit à portée du camp retranché. Il le reconnut, établit partie de son avant-garde pour le masquer, et occupa le chemin de Lydius avec le reste.

Le marquis de Montcalm, qui le suivoit avec l'armée, lui fit faire halte à une demi-lieue de l'avant-garde, où il se porta de sa personne avec une partie des milices. Il jugea l'attaque du camp retranché impossible ; et, ne trouvant pas qu'un investissement régulier fût praticable dans une chaîne de montagnes dont les ravins et les gorges interrompoient la communication, il envoya ordre au sieur de Bourlamaque qu'il avoit laissé à la tête de l'armée, de lui envoyer la brigade de la Reine et de se replier avec celles de la Sarre et de Royal-Roussillon, pour prendre poste de manière à protéger le débarquement de l'artillerie. Il le commença dès cette même nuit au moyen d'une anse située à trois

cents toises du fort, vers l'ouest, à l'abri du canon de
la place, et le 4 au point du jour, il fit travailler aux
fascines et saucissons nécessaires pour les attaques.

Le marquis de Montcalm ayant passé la nuit à
l'avant-garde avec la brigade de la Reine et n'ayant
aucune nouvelle des ennemis, concerta avec le chevalier
de Lévis les dispositions nécessaires pour s'opposer aux
secours qui pouvoient venir d'Orange. Il lui laissa le
détail des sauvages et des milices qu'il fit camper à peu
de distance du chemin d'Orange, aux ordres du sieur
de Rigaud, et le chargea d'avoir sur cette route des
découvertes continuelles pour lui donner avis de ce qui se
passeroit. Il revint ensuite avec la brigade de la Reine
qu'il rapprocha des deux autres, de manière toutefois
qu'elle donnât la main au corps du chevalier de Lévis.

Le sieur de Bourlamaque fut chargé de la direction
des attaques et de tous les détails du siège.

La tranchée fut ouverte le 4 au soir par cinq cents
travailleurs, et soutenue par trois cents hommes aux
ordres du sieur de Roquemaure, lieutenant - colonel,
tous les piquets du camp au bivouac derrière la tranchée,
pour s'y porter au besoin.

L'on commença cette nuit une batterie sur le bord
du lac, à deux cents toises du fort, pour ruiner les
défenses, et l'on fit un boyau de communication pour se
rendre du dépôt de la tranchée à cette batterie. L'on
perfectionna pendant le jour le travail de la nuit; le
feu des ennemis, de canon et de bombes, fut assez vif.

La nuit du 5 au 6, cinq cents travailleurs achevèrent
la première batterie, en commencèrent une seconde sur

la droite à pareille distance, et firent la communication de cette seconde batterie.

Le 6 au point du jour, huit pièces de canon de 18 et de 12 et un mortier commencèrent à tirer. Elles incommodèrent quelques pièces des ennemis, qu'ils furent obligés de remplacer. Nous perçâmes aussi à fleur d'eau plusieurs barques ou gabares, dont l'ennemi auroit pu se servir pour inquiéter nos dépôts.

La nuit du 6 au 7, quatre cent cinquante travailleurs achevèrent la seconde batterie et poussèrent un boyau de cent cinquante toises, qui nous approchoit d'un petit marais au delà duquel nous avions projeté d'établir les batteries de brèche. L'on perfectionna pendant la journée du 7 le travail de la nuit, et la batterie de la droite, de huit pièces de canon et de trois obusiers, commença à tirer au point du jour. La direction étoit telle que tous les boulets qui ne s'arrêtoient pas sur les défenses du fort, alloient porter au camp retranché.

Ce même jour, à neuf heures du matin, le marquis de Montcalm envoya au commandant anglois une lettre écrite du fort Lydius par le général Webb, dans laquelle il mandoit au dit commandant qu'il faisoit assembler les milices pour marcher à lui ; que cependant, s'il étoit trop pressé pour attendre le secours, il tachât d'avoir une composition honorable. Cette lettre fut trouvée sur un courrier du général Webb qui fut pris par un de nos partis.

La nuit du 7 au 8, trois cents travailleurs furent occupés à la descente du marais et à transporter un nombre immense de fascines et de rondins pour y construire une chaussée avec un épaulement. Ils commencèrent aussi une batterie de six pièces sur la gauche de la descente du marais. Le travail se trouva très peu avancé au point du jour, parce qu'il falloit porter la terre dans des sacs. On se perfectionna en plein jour, malgré le feu de mousqueterie et de mitraille qui fut très vif toute la journée, et, le soir, le pont fut achevé ainsi que l'épaulement. Nous n'y eûmes cependant qu'un soldat tué et deux autres blessés.

Dans l'après-dîner, rapport par les sauvages que l'ennemi marchoit à nous avec de grandes forces. Le marquis de Montcalm se mit en mouvement avec les brigades de la Reine et de Royal-Roussillon, précédé par le corps du chevalier de Lévis. La brigade de la Sarre fut envoyée au sieur de Bourlamaque pour la défense de la tranchée. Le rapport se trouva sans fondement, et les troupes rentrèrent après une marche très pénible. Cinq cents travailleurs furent employés, la nuit du 8 au 9, à une parallèle qui embrassoit tout le front d'attaque au delà du marais, à quarante toises du fort, et en avant de laquelle on devôit établir les batteries de brèche. Le travail fut assez inquiété pendant la nuit par la mousqueterie des ennemis et par leurs canons chargés à cartouches ; mais, la terre étant fort aisée à remuer, le soldat fut bientôt couvert, et nous n'eûmes que deux blessés. L'on acheva aussi la nouvelle batterie.

Au point du jour, la tranchée se trouva en très bon état et la nouvelle batterie prête à tirer.

A sept heures, les ennemis demandèrent à capituler. Le commandant anglois envoya à cet effet un lieutenant-colonel pour dresser les articles que le marquis de

Montcalm lui renvoya par le sieur de Bougainville, aide de camp. Il assembla en même temps les chefs des nations sauvages, qui approuvèrent la capitulation et promirent de s'y conformer.

A onze heures, le sieur de Bourlamaque prit possession du fort avec les troupes de la tranchée, avec le chevalier de Bernetz, lieutenant-colonel. Il fut chargé du déblai de l'artillerie et des vivres, ainsi que de la démolition du fort, qui a été brûlé et rasé jusqu'aux fondements. Le chevalier de Lévis continua à être chargé de masquer le chemin d'Orange.

La capitulation porte que les troupes angloises du fort, ainsi que du camp retranché, sortiront avec les honneurs de la guerre et une pièce de canon, par distinction ; que ces troupes, qui sont au nombre de deux mille trois cents hommes, ne serviront de dix-huit mois. L'on a trouvé dans la place vingt-trois pièces de canon, dont huit de fonte, trois mortiers, un obusier et dix-sept pierriers, quarante milliers de poudre et des vivres pour quatre mois.

Les ennemis ont eu environ cent hommes tués et cent cinquante blessés. Notre perte a été peu considérable : vingt hommes tués et quarante blessés, dont un officier.

Cette expédition éloigne l'ennemi de notre frontière, nous assure la possession du lac Saint-Sacrement et met les partis sauvages en état de pénétrer dans l'intérieur de la colonie angloise de ce côté-ci. Elle nous conserve d'ailleurs le ton de la plus grande supériorité, nécessaire pour nous attacher les sauvages dans toute l'étendue de la colonie.

Nos forces consistoient en six bataillons des troupes de terre non recrutés et un bataillon formé des troupes de la marine (ces sept bataillons composoient trois brigades), plus trois mille quatre cents miliciens et seize cents sauvages de trente nations différentes. C'est avec cette petite armée qu'il a fallu assiéger deux mille quatre cents hommes et se mettre en état d'arrêter les secours qui pouvoient venir du fort Lydius, sans parler de cinq cents hommes laissés à la garde de Carillon et du Portage.

La fatigue des troupes a été incroyable. Outre les travaux du siège, il n'y a presque point eu de jours que les sauvages, gens fort soupçonneux, n'aient donné quelque alerte au corps du chevalier de Lévis. Et en effet il étoit à penser que le général Webb, qui n'étoit qu'à cinq lieues du fort Georges, feroit un effort pour venir se joindre aux troupes du camp retranché ou au moins pour le replier. Les déserteurs nous ont appris, peu de jours après la prise de la place, qu'il s'étoit rassemblé à Lydius, le lendemain de la capitulation, près de douze mille miliciens des gouvernements de Boston, Rhode-Island et New-York, qui s'en retournèrent tout de suite sur la nouvelle de la capitulation.

JOURNAL DE LA CAMPAGNE DE M. DE BELLESTRE *

EN OCTOBRE ET NOVEMBRE 1757 †

Le 4 octobre. — M. de Bellestre et les sept officiers destinés à faire la campagne sous ses ordres se rendirent à Lachine. Une partie des soldats et Canadiens qui composent son détachement y étoient arrivés dans la journée et quelques sauvages du Lac.

Le 5. — Les voitures nécessaires pour le transport de quelques effets, comme vivres, équipements, qui n'avoient point encore été envoyées, nous parvinrent à la pointe du jour. J'en fis sur-le-champ faire la distribution, puis la revue, pour après donner connoissance à Monsieur le général du nombre, tant soldats que Canadiens de bonne volonté qui étoient partis sans commandement de leur paroisse pour se rendre à Lachine. Sans quelques orages et coups de vent, le détachement eût pu faire la traversée au Sault-Saint-Louis, où il étoit nécessaire que M. de Bellestre passât pour lever les sauvages de ce village, ce qui l'obligea à

---

* François-Marie Picoté de Bellestre, chevalier de Saint-Louis, fut le dernier commandant français du fort du Détroit. Il s'était fait une belle réputation par sa valeur et son esprit d'entreprise dans les troupes de la colonie.

† Ce journal n'est pas signé.

perdre la demi-journée. Il attendit le soir pour passer la rivière. Il reçut à son arrivée la députation des chefs, qui le complimentèrent à leur usage. Après la réception de leurs compliments, il leur dit qu'il avoit une hache à leur présenter de la part d'Ononthio, qu'il les encourageoit à n'avoir d'autre volonté que la sienne, qu'il partoit le lendemain et qu'il étoit sûr que beaucoup de guerriers le suivroient. Ils s'en allèrent refléchir un instant sur ces paroles et revinrent quelque temps après, assurèrent qu'ils avoient pris la hache avec plaisir, qu'ils étoient déterminés à le suivre, mais que leurs façons ne leur permettoient pas de partir avant de faire un festin de guerre, que c'étoit là que les vieillards avoient de l'esprit et que les jeunes gens prenoient du courage.

M. de Bellestre se rendit à leurs invitations, leur promit la journée du lendemain pour accomplir leurs cérémonies, pour quoi il leur fit tuer un bœuf.

Le jour du festin, tous les sauvages du village participèrent à la satisfaction des guerriers. M. de Bellestre et les officiers allèrent dans la grande cabane et chantèrent la chanson de guerre. Puis il leur donna deux barils de vin, pour qu'ils en bussent en attendant de s'enivrer du sang des ennemis.

Le 7. — M. de Bellestre fit faire le cri dans le village et prévint qu'il alloit partir ; mais les sauvages, qu'apparemment les fatigues de la nuit avoient assoupis, n'y répondirent pas et restèrent ce jour-là tranquilles sur leurs nattes. Cela ne l'empêcha pas de s'embarquer dans ses bateaux. Il suivit la côte du Sud jusqu'à la traverse de Châteauguay, à l'île Perrot, qu'il fit le soir, voyant que les sauvages ne le rejoindroient pas.

Le 8. — Il décampa le matin, passa dans la journée les Cascades, le Buisson et alla coucher aux Cèdres.

Le 9. — A l'Anse-aux-Bateaux, à l'entrée du lac Saint-François.

Le 10. — Au-dessus du Lac, environ deux lieues et demie au delà de l'Ile-à-la-Traverse.

Le 11. — Au petit Fer-à-Cheval.

Le 12. — Au-dessus du Rapide-Plat.

Le 13. — A deux lieues du fort de la Présentation, au-dessus des Galops.

Le 14. — Au fort. A notre arrivée, les sauvages de Souekalsi vinrent trouver M. de Bellestre et l'assurèrent des bonnes dispositions de tout le village ; ils lui demandèrent que leurs haches fussent rafraîchies ; que, depuis le temps qu'ils s'en servoient sur les os des Anglois, elles étoient émoussées, et que les guerriers s'apercevoient qu'elles leurs faisoient tort.

Le 15. — Arrivée des sauvages du Sault, au nombre de cent trente, qui ne nous avoient pas rejoints dans toute la route ; ils se joignirent à ceux du village de la Présentation pour demander conjointement qu'il leur fût fait un festin, afin que tous les sauvages n'eussent que le même esprit. Il fallut bien encore consentir à cette dernière cérémonie. Une vache, qui leur fut donnée, servit pour tous, et ils passèrent la nuit à chanter et à montrer la satisfaction qu'ils ressentoient de combattre l'ennemi d'Ononthio.

9

Le 16. — Vent de sud-ouest, temps orageux, point de départ.

Le 17. — Même raison pour séjourner encore.

Le 18. — Toujours même vent ; il ne fut pas possible de nous embarquer seulement pour faire la traverse de l'autre côté et ménager par là la consommation des vivres qui se faisoit au fort.

Arrivèrent huit Mississagués que conduisoit La Force, interprète, du fort Frontenac.

Le 19. — Quatre canots du Lac rejoignirent le détachement le matin. Tout étoit disposé pour le départ, les canots à l'eau, lorsque tout à coup il s'éleva un coup de vent si impétueux qu'à peine eut-on le temps de décharger les bateaux et de les tirer, afin qu'ils ne fussent pas brisés par l'impétuosité des vagues.

Le 20. — Les Iroquois du Sault, pour ménager les vivres de la route qu'ils consommoient inutilement, essayèrent de traverser pour aller à la chasse, qui est plus abondante de l'autre côté. A peine firent-ils une lieue et demie dans tout le jour.

Le 21. — On ne partit pas encore. Il sembloit que les vents s'opposoient à notre marche. Ce retardement est contre tout le ménagement que M. de Bellestre a apporté jusqu'à présent pour la non consommation des vivres. La nuit du 21 au 22, les sauvages qui n'étoient point encore partis, volèrent quatre barils d'eau-de-vie dont ils s'enivrèrent le lendemain.

Le 22. — Malgré la force du vent qui duroit encore, le détachement et les sauvages, partis le matin du fort, gagnèrent avec bien de la peine le Pot-à-l'eau-de-vie, où les Iroquois du Sault nous attendoient, qui y avoient fait chasse d'une vingtaine de chevreuils.

Le 23. — Le vent devint favorable ; nous nous mîmes en marche de très bon matin. A midi je me séparai du détachement pour prendre la route du fort Frontenac. J'allai coucher le soir à l'Anse-aux-Corbeaux.

Le 24. — J'arrivai au fort Frontenac.

Le 25. — J'y séjournai. Il arriva deux Canadiens qui prévinrent M. de Noyan qu'il y avoit à la baie de Quinté des canots chargés de pelleteries très embarrassés ; que les voyageurs qui les conduisoient mouroient de faim. Il prit des arrangements pour leur faire parvenir des vivres.

Le 26. — Je partis et je ne pus faire que la traversée à la Grande-Ile ; le gros vent m'obligea d'y camper.

Le 27. — Je profitai du calme du matin pour gagner l'Ile-du-Milieu.

Le 28. — Vent arrière. J'arrivai comme le détachement à l'Ile-au-Chevreuil, où nous passâmes le reste de la journée pour attendre deux canots sauvages qui n'avoient point encore rejoint.

Le 29. — On partit. Beau temps jusqu'à midi. Au-dessus de la baie de Niaouré, voilà un coup de vent du large qui se lève ; à peine peut-on gagner un campement ; deux bateaux emplirent ; un fut brisé.

Le 30. — Point de décampement. Le gros vent qui dura encore plusieurs jours, fut cause que nous passâmes ce temps sans partir. Des sauvages qui allèrent à la chasse vinrent le soir avertir M. de Bellestre qu'il y avoit à la rivière à Monsieur-le-Comte un Onontagué

qui disoit avoir de grandes nouvelles à dire ; pour quoi
il envoya sur-le-champ des sauvages pour s'en instruire.

Cet Onontagué, à présent de la Présentation, qui dit
en être parti pour aller chercher sa belle-sœur, rapporte
que, dans l'espace du temps qu'il a resté au village des
Onontagués, il n'avoit rien entendu dire, et qu'il n'a su
ce qui suit que par un des siens qui l'avoit suivi après
son départ à une journée de marche ; il lui avoit
demandé s'il avoit appris quelque chose de nouveau ; à
quoi il avoit répondu que non ; qu'il l'avoit instruit
que, depuis quelques jours, ils avoient reçu dans le
village un collier de la part d'un chef françois qui est
aux Cinq-Nations qui les avertissoit de se tenir sur
leurs gardes ; qu'Ononthio'et le Grand-Sabre avoient
résolu ensemble, à l'affaire du fort Georges, de détruire
entièrement les Cinq-Nations ; que pour l'exécution
de ce projet, les armées étoient déjà en marche ; que,
dans le temps que les anciens et les chefs du village
agitoient cette affaire, il étoit entré dans la cabane deux
Anglois interprètes de la langue iroquoise, qui leur
avoient présenté un collier de la part du Grand-Sabre,
pour les assurer de sa protection et les prévenir qu'il
étoit sûr que les François étoient en marche pour
ravager la partie de Corlar ; qu'il exigeoit d'eux seulement qu'ils eussent attention à notre marche pour les
avertir ; qu'après, bien loin de nous attendre dans leurs
forts comme ils avoient fait jusqu'à présent, ils nous
préviendroient au moins de dix lieues dans les bois ; et
qu'il les invitoit à être témoins du mauvais traitement
qu'il nous y feroit. Pour confirmation, il dit qu'il avoit
parlé au fort Bull à un Onéyout qu'on croyoit être

espion des Anglois, et que nous devions nous en méfier dans la route.

Le 31. — Il neigea tout le jour et le vent continua du large.

Le 1ᵉʳ novembre. — Encore les sauvages, à qui on n'avoit donné au fort de la Présentation que pour douze jours de vivres, ainsi qu'au reste du détachement, vinrent trouver M. de Bellestre et lui en demandèrent. Il étoit impossible qu'il leur en donnât, il n'en avoit pas.

Le 2. — Les soldats du détachement qui commençoient aussi à voir la fin des vivres de leur campagne, promirent à leur retour une grand'messe, afin que Dieu leur donnât du beau temps ; ils se cotisèrent ensemble, les officiers se joignirent à leurs bonnes intentions.

Le 3. — Le lac étant devenu calme, nous embarquâmes à la pointe du jour et nous trouvâmes de bonne heure la rivière à la Famine, qui étoit celle où les sauvages avoient décidé que nous laisserions nos canots pour prendre la route du bois. Cette rivière est assez belle dans sa sortie ; mais, à deux lieues dans la profondeur, elle est extrêmement rapide, et il seroit impossible d'y naviguer.

Le 4. — Les sauvages demandèrent la journée à M. de Bellestre pour se préparer. Je fis faire la distribution des munitions de guerre et du peu de vivres qui nous restoient à tout le détachement. Vers quatre heures du soir, dix sauvages de la Présentation, qui revenoient de guerre de l'endroit où M. de Bellestre a ordre d'aller, arrivèrent. Deux heures après, tous les chefs sauvages s'assemblèrent et débitèrent à leur façon ce qu'ils venoient d'apprendre :

Que les guerriers qu'ils venoient de voir, rapportoient qu'il leur avoit été impossible de faire coup à deux forts où ils avoient été, par les précautions que prennent les Anglois ; qu'ils avoient pris le parti de s'en revenir, après avoir brûlé deux granges pleines de blé ; qu'ils pensoient avoir été poursuivis, pour quoi ils avoient fait toute diligence pour arriver au village des Onéyouts ; mais qu'ils avoient été très mal reçus de la part de ceux-ci, qui leur avoient défendu de jamais revenir en guerre de ce côté-là ; qu'ils suivoient une mauvaise parole, en suivant celle de leur père, qui vouloit troubler toute la terre ; qu'enfin ils étoient disposés à ne plus l'écouter ; que d'ailleurs pour leur sûreté, ils les prévenoient que les Anglois avoient à présent beaucoup de Têtes-Plates qui leur joueroient un mauvais parti. A quoi ils avoient répondu que de tout temps cette nation leur avoit été ennemie et qu'ils étoient flattés de les pouvoir combattre sur leur terre. Ce jour-là sept à huit Onontagués reçurent l'équipement et prirent parti avec nous en assurant M. de Bellestre de leur fidélité.

Le 5. — M. de Bellestre fit venir le guide onéyout et lui donna un collier pour l'encourager à ne pas craindre l'obstacle qu'il pourroit rencontrer dans sa route, et à midi tout le détachement se mit en marche. Déjà deux soldats, qui prévoient qu'ils ne pourront pas suivre par la diligence que M. de Bellestre étoit disposé de faire, lui demandèrent de retourner au dépôt, où il étoit resté un cadet et huit soldats pour la garde des effets que nous y avions laissés. Nous marchâmes cette demi-journée dans des chemins très beaux, le long de la rivière à la Famine, sur le bord de laquelle nous campâmes, à quatre lieues.

Le 6. — Il tomba un peu de neige le mati"; cependant nous partîmes et nous suivîmes jusqu'au midi la même rivière. Après, l'ayant laissée sur notre gauche, nous tombâmes dans un chemin frayé qui conduit au village des Onéyouts, dans lequel nous marchâmes jusqu'au soir. Nous campâmes vers quatre heures du soir, après huit heures environ de chemin.

Le 7. — Il relâcha un sauvage du Sault qui se plaignoit d'être malade. Cela ne retarda pas longtemps notre route; il étoit essentiel d'employer tous les moments. Une grande partie du détachement ne se nourrissoit plus que de noix et autres menus aliments qu'on trouve dans les bois. A la halte de midi, les chefs s'assemblèrent pour prévenir M. de Bellestre qu'un des Onontagués qui avoient pris parti avec lui, vouloit s'en retourner, et que sa mauvaise humeur venoit de ce qu'on lui avoit tué un petit chien qu'il aimoit beaucoup. M. de Bellestre lui fit dire qu'il le suivît jusqu'à la couchée et qu'il le tranquilliseroit sur les plaintes qu'il avoit à faire.

Nous campâmes le soir sur le bord d'une rivière qui va tomber au lac des Onéyouts. On laissa le temps aux sauvages de lever des écorces pour se cabaner; après quoi, M. de Bellestre fit avertir les chefs de se rendre à son feu pour parler des précautions qu'il vouloit prendre pour la sûreté de sa marche. Les chefs, qui vinrent quelques temps après, décidèrent unanimement qu'il convenoit de faire partir des découvreurs qui précéderoient le détachement de quelques lieues et qui veilleroient à la garde pendant sa marche. Cette pensée fut approuvée pour le lendemain. Trois branches de porcelaine qui furent données à l'Onontagué calmèrent son esprit, et il promit qu'il mourroit avec Ononthio.

Le 8. — Les découvreurs partirent dès le matin, et le reste du détachement une heure après. La pluie qu'il avoit fait toute la nuit ayant duré encore tout le jour, les sauvages demandèrent à camper vers midi. Il étoit aussi nécessaire de donner au détachement cette demi-journée de relâche pour l'employer à sécher une partie de leurs effets qu'ils avoient mouillés en traversant deux rivières, à l'eau plus haut que la ceinture, dans lesquelles même plusieurs étoient tombés vu la rapidité de leurs eaux.

Le 9. — La journée commença par la traverse d'une rivière aussi profonde et aussi rapide que celles de la journée précédente. Nous trouvâmes, après deux heures de marche, les découvreurs partis de la veille qui n'avoient eu connoissance de rien de nouveau. C'est de là que M. de Bellestre envoya, avec un Onéyout malade, quatre députés pour porter la parole d'Ononthio au grand village. Il continua sa marche jusqu'au fort William, où il coucha le soir, après avoir passé le fort Bull que nous trouvâmes entièrement brûlé. Dans la nuit quelques chefs s'assemblèrent et vinrent prévenir M. de Bellestre qu'ils pensoient qu'il étoit convenable de faire partir à la pointe du jour quatre hommes, sur lesquels on pourroit compter, qu'ils feroient la découverte du fort, qu'ils parleroient à tous les sauvages qu'ils rencontreroient revenant des forts anglois, et qu'ils les instruiroient de notre marche. Le grand chef de Soueskasti, homme sûr, brave, et qui pendant toute la route ne s'est point démenti, s'offrit pour cette découverte et partit le 10 au matin à le pointe du jour.

Le 10. — Nous marchâmes une heure après dans le grand chemin pratiqué des Anglois jusque sur la rivière de Corlar, où nous eûmes la satisfaction d'examiner cinq forts anglois abandonnés, à commencer par celui établi sur la même position de l'ancien fort Bull, depuis la reddition du fort de Chouaguen. Nous trouvâmes à mi-journée un des découvreurs partis du matin qui revenoit à nous avec un Onéyout qui nous parut assez mal disposé par toutes les réponses qu'il fit à M. de Bellestre qui l'interrogea sur bien des choses ; ce qui lui fit prendre le parti de le garder à vue et de s'en assurer.

Le 11. — Comme nous allions nous mettre en marche, les députés arrivèrent du village des Onéyouts avec six jeunes guerriers qui avoient pris parti pour suivre le détachement et partager avec leur père le bien ou le mal de la campagne. Cette arrivée détermina quelques sauvages, qui, sur la parole et les invitations de cet Onéyout suspect, commençoient à marquer beaucoup de mauvaise volonté. Nonobstant toutes leurs représentations, M. de Bellestre partit ; mais, après deux heures de marche, il fut obligé de faire halte quelque temps pour écouter les mauvais discours de plusieurs chefs du Sault qui lui dirent qu'ils étoient informés qu'il y avoit trois cents hommes de troupes dans un fort nommé Kouari situé sur la rivière de Corlar, environ un quart de lieue du village des Palatins et qu'ils craignoient de ne pas réussir. Mais M. de Bellestre leur ayant dit que leur père n'avoit fait marcher un détachement d'élite aussi bien choisi que dans la vue de faire un coup intéressant, ils reprirent leur courage et marquèrent du zèle, à l'invitation aussi de ce grand chef de la Présentation qui les harangua, à l'exception de quelques jeunes gens et vieillards qui, déjà fatigués par une marche pénible, relâchèrent.

Nous traversâmes vers quatre heures du soir la rivière de Corlar, partie à la nage, partie sur des radeaux et quelques-uns de la plus haute taille à l'eau jusqu'au col, et nous campâmes à l'entrée de la nuit dans le bois, à une lieue et demie du premier fort de Kouari. On peut croire que cette nuit pour tout le détachement fut très mauvaise, puisque nous la passâmes sans feu jusqu'au 12.

A trois heures du matin, l'ordre de marche fut donné, et M. de Bellestre fit dire aux sauvages qu'il vouloit s'y prendre de façon à attaquer à la fois les cinq petits forts, dans le cas que les Anglois les occupassent tous, et les soixante maisons dont étoit composé le village des Palatins.

Quoique M. de Bellestre sût que les Anglois avoient été avertis le jour précédent par des Onéyouts, néanmoins pour que la confiance des sauvages ne fût pas susceptible du moindre ralentissement et pour les persuader qu'il ne vouloit pas les exposer témérairement, il mit en liberté l'Onéyout qui étoit gardé à vue, pour prévenir dans le village ceux de sa nation qui s'y trouveroient et les inviter à se retirer. Ce sauvage ne put cependant pas nuire à M. de Bellestre, par l'activité qu'il eut à le suivre et à attaquer presque dans le même moment les cinq petits forts et les maisons.

Il fut tiré plusieurs coups de fusil du premier fort, dans lequel il s'étoit retiré environ vingt Anglois, mais sitôt qu'ils s'aperçurent que ça ne ralentissoit pas l'ardeur de notre détachement, le maire du village, qui y commandoit, ouvrit les portes et demanda la vie ; les autres se rendirent successivement à discrétion, et on se trouva maître à moins d'un quart d'heure de tout le village.

Les Canadiens et les sauvages étoient occupés pendant tout ce temps à ravager, piller et incendier les soixante maisons des Palatins, des granges et autres bâtiments. Il a péri dans toutes ces expéditions environ quarante Anglois tués ou noyés ; le nombre des prisonniers est de cent cinquante, hommes, femmes ou enfants, parmi lesquels est le maire du village nommé Jean Pétrie et quelques officiers de milice. Nous n'avons eu de notre côté aucun homme de tué ; M. de Lorimier a été blessé d'une balle au côté droit et trois à quatre sauvages peu légèrement. On estime, au dire même des Anglois, le dommage très considérable, tant par la perte qu'ils ont faite de grains de toutes espèces et de bestiaux que par le pillage des marchandises. Enfin on passa quarante-huit heures à s'occuper à la ruine de tout le village ; mais pour cela M. de Bellestre ne manqua pas de se mettre en état de résister aux poursuites de l'ennemi, qui, comme on l'a déjà dit, étoit au nombre de trois cent cinquante hommes de troupes dans le fort de Kouari, environ un quart de lieüe du champ de bataille.

Le 13. — A sept heures du matin, cinquante Anglois et quelques Agniers sortirent du fort de Kouari et traversèrent la rivière; mais, dès qu'ils aperçurent les François et les sauvages qui s'en alloient droit à eux pour les prévenir, ils s'en retournèrent sur leurs pas et essuyèrent plusieurs décharges de mousqueterie.

Le même jour, à midi, M. de Bellestre donna l'ordre de marche pour le retour de son détachement.

Le 14. — Nous traversâmes la rivière de Corlar et nous marchâmes tout le jour sans nous occuper des différentes alarmes que nous donnèrent les sauvages.

Le 15. — Un Anglois blessé au bras, qui ne pouvoit plus suivre le détachement, eut la chevelure levée par un Abénaquis. Nous campâmes au fort William vers quatre heures du soir.

Les sauvages déterminèrent qu'il falloit envoyer par la rivière de Chouaguen M. de Lorimier et quelques autres malades, qui ne pouvoient que retarder beaucoup notre marche; M. de Bellestre y consentit.

Le 16. — Nous fîmes la même journée que nous avions faite en allant, et nous rejoignîmes notre même campement.

Le 17. — Il plut tout le jour. Nous vînmes camper à notre seconde couchée du départ.

Le 18. — M. de Bellestre fit partir un officier et quatre sauvages, qui devoient nous précéder jusqu'à l'endroit de notre dépôt et préparer les bateaux pour notre départ de la rivière à la Famine.

Le 19. — Nous nous y rendîmes vers deux heures de l'après-midi. Ceux qui avoient été commis pour la garde des effets n'y étoient plus. Sur les rapports des sauvages qui avoient relâché, ils avoient pris l'épouvante et s'étoient retirés à la rivière à Monsieur-le-Comte.

Notre député onéyout rejoignit M. de Bellestre et lui dit que les Cinq-Nations avoient envoyé trois colliers au village des Onéyouts, dont ils avoient voulu le charger lui-même pour les remettre à Monsieur le général, par lesquels ils lui demandent du secours pour résister à l'Anglois, étant au moment d'éprouver son ressentiment, attendu qu'ils avoient refusé l'entrée de leur fort à quatre principaux de leur village, sur lesquels ils avoient tiré plusieurs coups de fusil, ce qui les alloit obliger à faire retirer leurs femmes et enfants sur le bord du Lac, espérant que leur père les protégeroit.

Le 20. — Deux habitants, qui ne s'étoient point embarqués dans les bateaux, eurent connoissance du cadet qui s'étoit retiré à la rivière à Monsieur-le-Comte, parce que, disoit-il, il étoit trop inquiété de la part des sauvages qui vouloient le piller. Nous allâmes à lui ; on partagea à tout le monde le peu de rafraîchissements qui restoit à la réserve.

Le 21. — Nous fûmes dégradés dans cette rivière par un coup de vent du large.

Le 22. — Nous partîmes bon vent arrière et nous campâmes à trois lieues au-dessous de l'Ile-aux-Chevreuils.

Le 23. — Nous décampâmes, et la pluie qui dura tout le jour, ne nous empêcha pas de nous rendre vers dix heures du soir au fort de la Présentation.

Le 24. — Le vent de nord-est fut cause que nous n'en partîmes pas.

Le 25. — A midi la rivière devint calme. Nous embarquâmes dans nos bateaux et nous vînmes coucher par le travers de l'Ile-au-Chat.

Le 26. — A la Pointe, mouillé au milieu du lac Saint-François.

Le 27. — Vent de nord-est ; aux Cèdres.

Le 28. — A Montréal, où nous arrivâmes, par la grâce de Dieu, tous en bonne santé.

M. le marquis de Vaudreuil, qui commençoit déjà à être inquiet de notre retardement, nous reçut avec satisfaction et parut aussi très content de la réussite de la campagne.

RELATION

DE LA DESCENTE DES ANGLOIS DANS L'ILE—ROYALE,
LE 8 JUIN 1758 *

———

[Les Anglois] avoient † mouillé huit jours auparavant vis-à-vis de nos retranchements, sans avoir osé les
forcer. Il y avoit une frégate et uu senau à la portée
de nos fusils, d'où ils ont tiré tout ce temps-là du canon,
pour pouvoir les démolir ; mais le boulet ne faisoit que
son trou, de manière que nous n'avons perdu que peu
de monde. Notre artillerie répondoit à leur feu avec
tant d'adresse et d'activité que le senau a été obligé de
s'éloigner. Notre mousqueterie ne cessoit de tirer sur
leurs vaisseaux et berges, qu'ils faisoient approcher de
terre pour reconnoître nos forces ; mais plusieurs berges
ont été mises en pièces. Ils ont tiré à boulets rouges
sur notre poudrière deux jours avant la descente, ce
qui la fit sauter. Nous eûmes ce jour-là un lieutenant
d'Artois blessé et deux soldats. Le même jour on fit
transporter deux canons à la Pointe-Plate, dont on en
envoya un à la Cormorandière, qui nous coûta quelques
soldats par la violence de leur feu. M. de Lahoulière,

———

* Cette relation n'est pas signée.
† Le commencement de cette phrase étant incompréhen-
sible dans l'original, nous sommes obligés de la rectifier.

commandant général de nos troupes, faillit être emporté d'un boulet.

Arrangement des vaisseaux anglois pour la descente

Sept du premier rang dans l'entrée de Gabarus sur la même ligne ; quatre frégates en formoient une seconde plus au large ; tous les bâtiments de transports tenoient depuis la Cormorandière jusqu'à la Pointe-Blanche sur plusieurs lignes. Dans celle qui étoit plus proche de terre, étoient mêlés onze vaisseaux de ligne et deux bombardes. Il y avoit cent trente bâtiments de transports sur lesquels étoient dix-sept mille hommes de débarquement, dont il y avoit deux mille montagnards ou Bostonois, l'artillerie, munitions et ustensiles pour le siège, des bateaux plats pour la descente.

Nous avions dans nos retranchements environ deux mille hommes, M. de Saint-Julhien, commandant à la Cormorandière, et M. Marin à la Pointe-Plate, tous deux courageux comme des lions, ainsi que toute la troupe qui étoit très disposée à recevoir l'ennemi et paroissoit même le désirer avec ardeur. S'ils s'étoient tenus vis-à-vis des retranchements pour faire leur descente, ils auroient été hachés et obligés de rétrograder ; mais, par malheur, ils ont trouvé un autre endroit moins dangereux.

Le 8 juin à la pointe du jour, on commença de part et d'autre à faire feu. Les Anglois lançoient quantité de bombes, et toutes leurs berges étoient sur deux divisions. La première fut bien maltraitée par le feu de notre canon, ce qui obligea quelques-uns de se jeter sur les ailes et de gagner les rochers, où il n'y avoit aucun retranchement. Qui se seroit imaginé qu'ils auroient cherché à y descendre ? La mer étoit grosse ; mais, voyant qu'il n'y avoit pas de forces dans cet endroit, ils firent un signal, et toutes les berges s'y rendirent en moins d'un demi-quart d'heure. Ils mirent tout le monde sur ces rochers avant que nous ayons pu les en empêcher, marchèrent aussitôt aux retranchements et nous obligèrent de les abandonner. Quand ils eurent gagné nos canons, ils nous balayèrent d'un bout à l'autre, et nous n'eûmes d'autre parti à prendre que de nous retirer dans la place avec le plus d'ordre qu'il nous fut possible. Ils nous poursuivirent jusqu'à la portée du canon de la ville, avec cependant assez de lenteur ; ils sembloient craindre de nous approcher de trop près : on sait qu'ils n'aiment pas l'arme blanche. Si les François avoient eu l'avantage comme eux, il est certain qu'ils les auroient mis en pièces.

Le canon de la place nous a procuré l'entrée, à la réserve de deux cents qui ont été tués ou blessés et pris prisonniers. Les premiers sont MM. de Langlade, capitaine des grenadiers de Bourgogne, Diximieu, sous-lieutenant d'Artois, deux officiers des volontaires ; MM. le chevalier de Blouzet, capitaine de Bourgogne, Sabattier, de la colonie, et quelques autres officiers de différents corps qui sont blessés.

Il y a deux jours que l'on envoya un tambour-major savoir des ennemis des nouvelles de M. de Bellestre qui étoit resté blessé dans la plaine ; on a appris qu'il étoit prisonnier.

L'amiral Boscawen a envoyé des présents à Mme de
10

Drucour, et elle lui en a renvoyé d'autres en reconnoissance. Les quatre prisonniers que j'ai faits depuis la place investie, ont déclaré que les Anglois avoient perdu quinze cents hommes, qu'ils ont dessein de forcer la rade avec six vaisseaux de quatre-vingts canons pour battre la ville de toutes parts. Cela se confirme, puisqu'ils ont établi dans le fond de la baie des batteries à mortiers, sur lesquelles ils en ont neuf. Ils ont tiré ces jours derniers cent trente bombes sur l'île et les vaisseaux du Roi; mais ils n'ont pas fait grand fracas sur l'île. Il en a tombé trois à bord du commandant, qui ont tué trois officiers et sept hommes avec quelques autres de blessés; le vaisseau n'a reçu aucun dommage.

Ils ont un camp de deux mille hommes à la Tour,* un à la pointe du Saint-Esprit, un au blockhaus qui est au-dessus de la Grande Batterie, un autre à la Pointe-Blanche, et leur camp général s'étend depuis le chemin Rouillé jusques à la Pointe-Plate. Il est à environ mille toises de la place. Il y a dix-neuf jours qu'ils sont à terre et ils n'ont pas encore travaillé à ouvrir la tranchée. Cependant, au moment que j'écris, j'entends beaucoup tirer, ce qui me fait croire qu'ils ont commencé cette nuit.

Leurs vaisseaux sont embossés par le travers de l'entrée du port, et les frégates ferment celui de Gabarus où ils ont tous leurs transports. Ils ont une grande quantité de malades; ils craignent une escadre de trente-

---

* La Tour de la Lanterne ou la Pointe du Phare, située à droite de l'entrée du havre de Louisbourg. — NOTE DE L'ÉD.

six vaisseaux françois et espagnols qui doit venir au secours de Louisbourg.

Ils envoyèrent avant-hier un ambassadeur en ville ; j'ignore encore à quel sujet. Les guides qui ont conduit M. de Léry disent l'avoir vu conduire par M. de Loppinot et deux grenadiers le tenoient chacun par un bras ; on lui a fait faire plusieurs tours de ville par de très mauvais chemins.

Nous avons un piquet de chaque corps qui sont volontaires et font la petite guerre sous le canon de la place, quelquefois au delà. Celui de notre troupe, commandé par un capitaine, eut ordre il y a quelques jours d'aller brûler des fascines qui étoient sur une butte, ce qu'il exécuta avec toute la diligence possible. Il lui tomba sur le corps six cents hommes ; mais les nôtres firent si bonne contenance qu'ils ne furent pas entamés, et se rangèrent en très bon ordre sous le canon de la place avec perte de dix-huit hommes.

La bonne volonté est peinte sur le visage de nos troupes ; c'est ce qui nous fait penser que l'ennemi perdra son temps. Sitôt qu'il en paroît un, on fait un feu d'enfer de la place et des vaisseaux, et, si malheureusement ils font la conquête, il leur en coûtera, car on s'attend à faire une vigoureuse défense.

On a fait couler quatre vaisseaux dans l'entrée du port, de sorte qu'ils n'ont plus d'espérance de ce côté-là ; et notre frégate, embossée auprès de chez Marquillance, domine tellement sur les plaines qu'ils ne peuvent pas garder un seul retranchement.

Voilà ce qui s'est passé depuis le 8 juin jusqu'au 8 juillet.

RELATION

DE LA VICTOIRE REMPORTÉE SUR LES ANGLOIS LE 8 JUILLET 1758
PAR L'ARMÉE DU ROI COMMANDÉE PAR LE
MARQUIS DE MONTCALM *

Le marquis de Vaudreuil incertain des mouvements
de l'ennemi ne l'auroit pas cru en état d'agir également
vers Louisbourg et sur la frontière du lac Saint-Sacrement. En conséquence, il s'étoit déterminé à partager
ses forces et à charger le chevalier de Lévis d'une
expédition particulière avec un corps de seize cents
hommes d'élite, dont quatre cents choisis dans nos
bataillons formoient six piquets de soixante-quatre
hommes chacun avec doubles officiers. Ce gros détachement entraînoit avec lui la plus grande partie des
sauvages.

Le marquis de Montcalm, destiné à défendre la frontière du lac Saint-Sacrement, arriva le 30 juin à Carillon
avec le sieur de Pontleroy, capitaine du corps royal
et ingénieur en chef de la Nouvelle-France, et le sieur
Desandrouins, aussi capitaine du corps royal et ingénieur à la suite des troupes de terre. Le corps de
troupes qu'il y trouva rassemblé consistoit en huit

---

* Cette relation n'est pas signée.

bataillons des troupes de terre et en quinze sauvages seulement.

Circonstance fâcheuse, qui peut-être n'arrivera jamais, jusqu'au 8, jour de l'affaire, il n'a pu lui être envoyé que peu de renfort en soldats de la marine ou Canadiens commandés par M. de Raymond, capitaine des troupes de la marine.

Le sieur de Bourlamaque, colonel, qui commandoit à Carillon, instruisit le marquis de Montcalm des nouvelles qu'il venoit d'apprendre des ennemis. D'après ce rapport, il ne fut plus permis de douter que les ennemis n'eussent assemblé au fond du lac Saint-Sacrement, près les ruines du fort William-Henry, une armée composée de vingt mille hommes de milices du pays et d'un corps de six mille hommes de troupes de la Vieille-Angleterre, formés par deux bataillons de Royal-Américain, un régiment de montagnards écossois et les régiments de Murray, Blackney et milord Howe, sous les ordres du général major Abercromby, et que cette armée, munie d'un nombre de berges et d'un train d'artillerie proportionné, ne dut se mettre en mouvement pour venir nous attaquer dans les premiers jours de juillet. Le marquis de Montcalm dépêcha plusieurs courriers au marquis de Vaudreuil pour lui rendre compte de ces nouvelles et lui demander de hâter les secours que la colonie pouvoit fournir.

En même temps, il ne balança pas à faire occuper par les bataillons de la Reine, Guyenne et Béarn, aux ordres du sieur de Bourlamaque, la tête du Portage au bord du lac Saint-Sacrement. Il fit aussi avancer les bataillons de Royal-Roussillon et le premier de Berry

à la droite de la Chute, et les bataillons de la Sarre et
de Languedoc à la gauche de cette rivière, et il s'y
établit de sa personne pour être également à portée de
toutes les parties. Il laissa à Carillon le sieur de Trécesson avec le second bataillon de Berry pour y commander.

Cette manœuvre audacieuse qui présentoit l'apparence de forces plus considérables que celles que nous
avions, a retardé de quelques jours les mouvements des
ennemis, suivant le rapport des prisonniers. Leur premier projet avoit été d'établir au Portage sous les ordres
de milord Howe une tête que le corps de l'armée n'auroit
suivie que quelques jours après. Notre mouvement
en avant les détermina à faire marcher l'armée tout
entière, ce qui a retardé leur opération jusqu'au 5.

Le marquis de Montcalm en même temps fut reconnoître et détermina la position qu'il vouloit prendre
pour la défense du fort de Carillon, en occupant les
hauteurs qui le dominent.

Du 1ᵉʳ au 4 juillet. — On envoya beaucoup de petits
partis à la guerre pour avoir des nouvelles de l'ennemi ;
et, comme on n'avoit point de sauvages, on forma deux
compagnies de volontaires, tirées dans le corps des troupes
de terre, dont le commandement fut donné au sieur de
Bernard, capitaine au régiment de Béarn, et au sieur
Duprat, capitaine au régiment de la Sarre.

Le 4. — Le marquis de Montcalm fit un détachement
de cent trente volontaires aux ordres du sieur de Langy-
Montégron, enseigne des troupes de la colonie, officier
de la plus grande réputation. Le marquis de Montcalm
ayant demandé pour ce détachement des officiers de

bonne volonté, les prévenant qu'ils seroient sous les ordres du sieur de Langy, de quelque grade qu'ils fussent, tous vouloient marcher, même des capitaines, et il fut obligé d'en fixer le nombre à un officier par bataillon. Ce détachement partit le 4 au soir, en bateau, sur le lac Saint-Sacrement, rentra le 5 sur les quatre heures après-midi, ayant découvert sur le lac Saint-Sacrement l'avant-garde de l'armée angloise conduite par le colonel Bradstreet et le major Rogers, chef de leurs partisans ou coureurs de bois. Le marquis de Montcalm ordonna aussitôt que, la retraite servant de générale, les troupes prissent les armes, passassent la nuit au bivouac, et qu'on déblayât les équipages. Le sieur de Bourlamaque reçut ordre de tenir des détachements du côté du sud et du nord pour éclairer le débarquement des ennemis, et les volontaires de Duprat de se porter sur une rivière qui vient, entre les montagnes dont ce pays est couvert, se jeter dans celle de la Chute, de crainte que l'ennemi ne cherchât à nous tourner par le derrière de ces montagnes. Ils s'y portèrent sur-le-champ, et le sieur de Langy fut envoyé par le sieur de Bourlamaque, à l'entrée de la nuit, pour occuper la Montagne-Pelée avec un détachement de cent trente volontaires, soutenus par trois piquets aux ordres du sieur de Trépezec, capitaine au régiment de Béarn, qui devoit faire avec lui sa retraite en suivant la rive gauche du lac Saint-Sacrement.

Le 6. — A quatre heures du matin, le marquis de Montcalm instruit que l'on voyoit au large une grande quantité de berges, envoya aussitôt ordre au sieur de Pontleroy d'abandonner tous travaux pour tracer des

retranchements en abatis sur le terrain déterminé le
1er du mois ; au sieur de Trécesson d'y faire travailler
le deuxième bataillon de Berry avec les drapeaux *(sic)*,
et à deux cents hommes des troupes de la colonie, arrivés
la veille, de venir le joindre aux hauteurs de la Chute.

Sur les neuf heures, les ennemis débarquèrent à un
demi-quart de lieue du Portage. Nos postes avancés
fusillèrent leurs premières troupes et se replièrent sur
le poste du sieur de Bourlamaque, qui s'étoit rejoint au
marquis de Montcalm. Les cinq bataillons réunis
passèrent le défilé de la rivière de la Chute, en rompirent le pont et se mirent avec le deuxième bataillon
de la Sarre et de Languedoc en bataille sur les hauteurs
qui la bordent. Cette retraite se fit en présence de
l'ennemi sans perdre un seul homme ; mais, par une
vraie fatalité, le détachement aux ordres de M. de
Trépezec, dont la retraite étoit assurée par le côté du
nord, fut abandonné par le petit nombre de sauvages
qui lui servoit de guides, s'égara et vint tomber dans
une colonne de l'armée ennemie qui marchoit vers la
rivière de la Chute.

Sur les quatre heures du soir, nous entendîmes un
feu considérable et nous aperçûmes les débris de ce
malheureux détachement poursuivi par les Anglois.
Quelques compagnies de grenadiers bordèrent aussitôt
le rapide de la Chute pour ralentir la poursuite de
l'ennemi, et plusieurs de nos gens, favorisés par le feu,
le passèrent à la nage. Nous avons eu de ce détachement, composé d'environ trois cents hommes, deux
officiers tués ainsi que ... soldats et ... Canadiens tués
ou prisonniers. Le marquis de Montcalm se retira,

le 6 au soir, au camp devant Carillon. L'armée se trouvoit alors d'environ deux mille huit cents hommes des troupes de terre, quatre cent cinquante hommes des troupes de la colonie sans aucun sauvage, et, sur ce nombre, il falloit distraire un des bataillons de Berry, lequel, à l'exception de sa compagnie de grenadiers qui fit le même service que les autres compagnies de l'armée, fut occupé à la garde et au service du fort.

Le 7 juillet. — Au matin, l'armée fut toute employée au travail des abatis, sous la protection des compagnies de grenadiers et des volontaires qui la couvroient. Les officiers eux-mêmes, la hache à la main, donnoient l'exemple, et les drapeaux étoient plantés sur l'ouvrage.

Il avoit été tracé la veille par les sieurs de Pontleroy et Desandrouins sur les hauteurs, à peu près à six cent cinquante toises en avant du fort de Carillon.

La gauche, occupée par les bataillons de la Sarre et Languedoc, appuyoit à un escarpement distant de quatre-vingts toises de la rivière de la Chute et dont le sommet étoit couronné par un abatis. Cet abatis flanquoit une trouée que gardoit de front la deuxième compagnie de volontaires de Bernard et de Duprat, derrière laquelle on devoit placer six pièces de canon pour la battre ainsi que la rivière.

La droite, gardée par la Reine, Béarn et Guyenne, s'appuyoit également à une hauteur dont la pente n'étoit pas si roide que celle de la gauche. Dans la plaine, entre cette hauteur et la rivière de Saint-Frédéric, furent postés les troupes de la colonie et les Canadiens qui s'y retranchèrent aussi avec des abatis. Elle étoit flanquée par la partie des retranchements occupée par le régiment de la Reine, et devoit l'être le lendemain par une batterie de quatre pièces de canon ; de plus le canon du fort étoit dirigé sur cette partie ainsi que sur le débarquement qui pouvoit se faire à la gauche de nos retranchements.

Le centre suivoit les sinuosités du terrain, conservant le sommet des hauteurs, et toutes les parties se flanquoient réciproquement. Plusieurs à la vérité furent, ainsi qu'à la droite, battus en écharpe par les ennemis, attendu qu'ils ne nous laissèrent pas le temps d'y faire des traverses. Le centre étoit occupé par les bataillons de Royal-Roussillon et le premier de Berry, auxquels on avoit joint des piquets arrivés le jour même au matin avec le chevalier de Lévis.

Dans tout le front de la ligne, chaque bataillon avoit derrière lui une compagnie de grenadiers et un piquet en réserve, tant pour soutenir leur bataillon que pour se porter où il seroit nécessaire.

Ces espèces de retranchements étoient faits de troncs d'arbres couchés les uns sur les autres, ayant en avant des arbres renversés dont les branches coupées et appointies faisoient l'effet de chevaux de frise.

Le 8. — Au matin, les quatre cents hommes d'élite de nos troupes, détachés pour une expédition particulière aux ordres du chevalier de Lévis, arrivèrent à la grande satisfaction de notre petite armée. La joie en fut d'autant plus grande qu'ils annoncèrent la personne du chevalier de Lévis. En effet, il arriva quelques heures après avec le sieur de Senezergues, lieutenant-colonel du régiment de la Sarre. Le marquis de Montcalm le chargea de la défense de la droite ; le sieur de

Bourlamaque, de celle de la gauche ; il se réserva de
rester au centre pour être plus à portée de donner également partout ses ordres.

L'armée coucha au bivouac. Le 8, à la pointe du
jour, on battit la générale, pour que toutes les troupes
pussent connoître leur poste suivant la disposition
réglée. Après ce mouvement, elles travaillèrent de
suite, partie à perfectionner l'abatis, le reste à construire
les deux batteries mentionnées ci-dessus et une redoute
qui devoit encore protéger la droite.

Sur les dix heures du matin, les troupes légères des
ennemis parurent de l'autre côté de la rivière et firent
une grande fusillade si éloignée que l'on continua le
travail sans leur répondre.

A midi et demi, leur armée déboucha sur nous. Nos
gardes avancées, les volontaires et compagnies de
grenadiers se replièrent en bon ordre et rentrèrent
dans la ligne sans avoir perdu un seul homme. Dans
le moment même, au signal convenu, les travailleurs,
ainsi que toutes les troupes, furent à leurs armes et à
leurs postes. La gauche fut la première attaquée par
deux colonnes, dont l'une cherchoit à tourner le retranchement et se trouver sous le feu du régiment de la
Sarre. L'autre dirigea ses efforts sur un saillant entre
Languedoc et Berry. Le centre où étoit Royal-Roussillon fut attaqué presque en même temps par une
troisième colonne, et une quatrième porta son attaque
vers la droite entre Béarn et la Reine. L'ennemi avoit
le 7 fait passer des berges et pontons à la Chute. On
en vit déboucher sur cette rivière une vingtaine. Les
volontaires de Bernard et de Duprat, qui y étoient

postés, les reçurent de bonne grâce. Le sieur de Poulariés, à la tête de la compagnie de grenadiers et d'un
piquet de Royal-Roussillon, s'y présenta aussi, et, le
canon d'une des batteries du fort commandée par le
sieur de Louvicourt, lieutenant du corps royal, en
ayant brisé deux, elles n'ont plus paru de toute l'action.
Comme les Canadiens et troupes de la colonie ne furent
point attaqués, ils dirigèrent, à l'abri du retranchement
qui les couvroit, leur feu sur la colonne qui attaquoit
notre droite et qui quelquefois se trouvoit à portée
d'eux. Le chevalier de Lévis envoya successivement
le sieur d'Hert, aide-major, et le sieur Desnoës, capitaine au régiment de la Reine, pour ordonner aux plus
ingambes d'entre eux de faire deux sorties et de prendre
cette colonne en flanc. Le sieur de Raymond, ancien
capitaine des troupes de la colonie, qui étoit leur commandant, se mit toujours à la tête de ces sorties. Les
différentes attaques furent presque toute l'après-midi
et presque partout de la même vivacité.

Sur les cinq heures, la colonne qui avoit attaqué
vivement Royal-Roussillon, s'étoit rejetée sur le saillant
défendu par le bataillon de Guyenne et par la gauche
de celui de Béarn. La colonne qui avoit attaqué la
Reine et Béarn avec le plus grand acharnement, s'y
rejeta aussi, en sorte que le danger devint urgent à cette
attaque. Le chevalier de Lévis s'y porta avec quelques
troupes de la droite que les ennemis ne faisoient plus
que fusiller ; le marquis de Montcalm y accourut aussi
avec quelques troupes de réserve, et les ennemis éprouvèrent une résistance qui ralentit enfin leur ardeur.
La gauche soutenoit toujours le feu des deux colonnes

qui tentoient de percer par cette partie, dans laquelle même étoit leur dépôt. Le sieur de Bourlamaque y avoit été blessé sur les trois heures, et les sieurs de Senezergues et de Privat, lieutenants-colonels commandants les régiments de la Sarre et de Languedoc, avoient suppléé en son absence, en continuant d'y donner les meilleurs ordres. Le marquis de Montcalm s'y porta plusieurs fois et fut attentif à y faire passer du renfort dans tous les moments de crise; car, pendant toute l'affaire, les compagnies de grenadiers et piquets de réserve accoururent toujours aux endroits les plus pressés.

Sur les six heures, les deux colonnes de la droite abandonnèrent l'attaque de Guyenne, vinrent faire encore une tentative au centre contre Royal-Roussillon et Berry et successivement un dernier effort à la gauche. De six à sept heures, l'armée ennemie s'occupa de la retraite, favorisée par le feu des troupes légères qui s'entretint jusqu'à la nuit.

Pendant l'action, le feu prit en plusieurs endroits de nos abatis; mais il fut éteint sur-le-champ, les soldats passant courageusement par-dessus le revers pour en arrêter le progrès. Outre les munitions de poudre et de balles, on envoyoit continuellement du fort des barriques pleines d'eau, et le sieur de Trécesson, commandant du second bataillon de Berry, qui l'étoit aussi du fort, a rendu dans cette occasion, ainsi que M. Mercier, commandant de l'artillerie, les plus grands services, par leur activité à nous faire passer les munitions et rafraîchissements si nécessaires dans un combat aussi long.

L'obscurité de la nuit, l'épuisement et le petit nombre de nos troupes, les forces de l'ennemi qui, malgré sa défaite, étoient encore infiniment supérieures aux nôtres, la nature de ces bois dans lesquels on ne pouvoit sans sauvages s'engager contre une armée qui en avoit quatre ou cinq cents, plusieurs retranchements que les ennemis avoient formés les uns derrière les autres depuis le champ de bataille jusqu'à leur camp, voilà les obstacles insurmontables qui nous ont empêchés de les suivre dans leur retraite. Nous comptions même qu'ils voudroient le lendemain tenter de prendre leur revanche. En conséquence, nous travaillâmes toute la nuit à nous défiler des hauteurs voisines par des traverses, à perfectionner l'abatis des Canadiens et à finir les batteries de la droite et de la gauche commencées le matin.

Le 9. — Nos compagnies de volontaires sortirent et s'avancèrent jusqu'à la Chute. Sur les nouvelles qu'ils nous donnèrent qu'il paroissoit que les ennemis avoient abandonné les postes de la Chute et du Portage, le marquis de Montcalm ordonna au chevalier de Lévis de marcher le lendemain à la pointe du jour avec nos volontaires, huit compagnies de grenadiers et une cinquantaine de Canadiens pour reconnoître avec précaution ce qu'étoit devenue l'armée ennemie.

Le chevalier de Lévis s'avança jusqu'au delà du Portage, il trouva partout les traces d'une fuite précipitée : des blessés, des quarts de farine, des équipages abandonnés, des chaussures laissées dans les endroits marécageux, des débris de berges brûlées, preuves incontestables de la grande perte que les ennemis ont faite. Nous l'estimions, d'après leurs prisonniers mêmes et ce que nous avons eu, à cinq mille tués ou blessés. S'il en falloit croire quelques-uns d'entre eux et la promptitude de leur retraite, leur perte seroit encore plus considérable. La nôtre a été de douze officiers tués, vingt-trois blessés, quatre-vingt-douze soldats tués et deux cent quarante-huit blessés. Les ennemis ont perdu plusieurs de leurs officiers principaux, entre autres milord Howe, qui a été tué le 6 par notre détachement qui se retiroit de la Montagne-Pelée, le sieur Spithall, major général des troupes réglées, et le commandant en chef des troupes de la Nouvelle-York.

Cinq cents sauvages chactas, loups et des cinq-nations étoient arrivés le 8 au matin avec le colonel Johnson. Quelques-uns d'eux ont paru pendant l'affaire ; mais le plus grand nombre, surtout ceux des Cinq-Nations, ont resté à la queue des colonnes dans l'inaction. Ils attendoient sans doute pour se décider l'événement d'un combat qui ne paroissoit pas douteux aux Anglois.

L'acte du 24 mars, imprimé à la Nouvelle-York, publié de même dans les autres provinces, annonce l'invasion générale du Canada, et ces mêmes termes sont exprimés dans les commissions de tous les officiers de milice.

Le succès de cette journée est dû à la valeur incroyable de l'officier et du soldat. Le chevalier de Lévis s'y est très distingué ; il a eu plusieurs coups de fusil dans ses habits ; le sieur de Bougainville, aide - maréchal général des logis, et le sieur de Langy, officier de la colonie, ont été blessés à ses côtés ; le sieur de Bourlamaque mérite aussi de grands éloges par sa bonne conduite et sa fermeté. Le chevalier de Montreuil, aide-major général, a fait passer avec un zèle infatigable les ordres et les munitions aux diverses attaques, où il s'est porté lui-même. Tous les officiers qui composoient cette armée ont donné de si grandes marques de courage que chacun d'eux mériteroit un éloge particulier.

État des officiers et soldats tués ou blessés à la défense des abatis près de Carillon, le 8 juillet 1758 *

ÉTAT—MAJOR

M. de Bourlamaque, colonel, blessé dangereusement.
M. de Bougainville, aide-maréchal des logis, blessé.

---

* Cet *État* est plus complet que celui qui se trouve à la page 403 et suivantes du *Journal de Montcalm*.

État des officiers et soldats tués ou blessés à la défense des abatis près de Carillon, le 8 juillet 1758. — Suite.

RÉGIMENTS.	OFFICIERS TUÉS.	OFFICIERS BLESSÉS.	SOLDATS OU MILICIENS TUÉS.	SOLDATS BLESSÉS.
La Reine	M. Daudin, lieutenant.	MM. d'Hébécourt, capitaine, Lecomte, capitaine, Massias, lieutenant, Filoid, lieutenant.	7	45
La Sarre	MM. le chevalier de Moran, capitaine, Du Mesnil, aide-major, Champredon, capitaine.	MM. de Beauclair, capitaine, Fourmet, lieutenant.	7	31
Royal-Roussillon	M. Du Coin, capitaine.	....	2	18
Languedoc	MM. de Fréville, capitaine, le chevalier de Parfouru, lieutenant.	MM. de Basserode, capitaine, Marillac, capitaine, Douglas, capitaine, Blanchard, lieutenant, de Courcy, lieutenant, le chevalier d'Arenne, sous-lieutenant de génie, un bras coupé.	9	35
Guyenne	M. de Patris, capitaine.	MM. La Bretèche, capitaine, de Saint-Vincent, capitaine, blessé mortellement, de Restauran, lieutenant.	24	36

Béarn	MM. de Pons, lieutenant, Douay, lieutenant.	MM. de Malartic, aide-major, de Montgay, capitaine, Kergus, capitaine.	11	36
1er bataillon de Berry	MM. de la Bresme, capitaine, Pymeric, sous-lieutenant du génie.	MM. Châteauneuf, capitaine, Carlan, capitaine, blessé mortellement. Chavimond, lieutenant en second.	16	28
2e bataillon de Berry			6	8
Colonie		MM. de Nigon, lieutenant, de Langy-Montégron, enseigne.	10	11
	12	23	92	248

*Officiers tués ou prisonniers du détachement du
6 juillet 1758*

Le sieur de Trépezec, capitaine au régiment de
Béarn, tué.

Le sieur de Rézy, lieutenant de la colonie, tué.

Prisonniers.
{
Le sieur Bonneau, capitaine au régiment de
Guyenne ;

Le sieur la Rochette, lieutenant au régiment de
Guyenne ;

Le sieur Bernard, lieutenant au régiment de la
Reine ;

Le sieur de Jaubert, lieutenant au régiment de Béarn.
}

Cent quatre-vingt-quatre soldats ou Canadiens tués
et une grande partie prisonniers, suivant le rapport de
ceux que nous avons faits aux ennemis sur le champ
de bataille du 8.

AUTRE RELATION

DE LA VICTOIRE REMPORTÉE PAR LES TROUPES DU ROI A
CARILLON, LE 8 JUILLET 1758 *

Le marquis de Vaudreuil, incertain des mouvements
des ennemis, avoit, au commencement de cette campagne, cru devoir partager ses forces. Il avoit destiné le
chevalier de Lévis à exécuter une expédition secrète
avec un détachement d'élite, dont quatre cents hommes
choisis dans les troupes de terre. Le reste de ses
troupes fut envoyé aux ordres du marquis de Montcalm
pour défendre la frontière du lac Saint-Sacrement. Le
marquis de Montcalm arriva le 30 juin à Carillon. Les
rapports des prisonniers faits quelques jours auparavant ne lui permirent pas de douter que les ennemis
n'eussent assemblé, près les ruines du fort William-
Henry, une armée de vingt à vingt-cinq mille hommes
et que leur projet ne fût de marcher incessamment à lui.

Il fit aussitôt part de ces nouvelles au marquis de
Vaudreuil et ne balança pas à prendre une position en
avant qui pût en imposer aux ennemis, retarder leurs

---

* Cette relation, qui n'est pas signée, est un abrégé de la
précédente ; on y trouve cependant des différences et
quelques détails nouveaux. — NOTE DE L'ÉDITEUR.

mouvements et donner aux secours de la colonie le
temps d'arriver. En conséquence, le sieur de Bourlamaque eut ordre d'occuper le Portage à la tête du lac
Saint-Sacrement avec les trois bataillons de la Reine,
Guyenne et Béarn. Le marquis de Montcalm avec ceux
de la Sarre, Royal-Roussillon, Languedoc et le premier de
Berry, occupa de sa personne les deux rives de la rivière
de la Chute - du - lac - Saint - Sacrement, ainsi nommée
parce que en cet endroit le lac Saint-Sacrement, rétréci
par des montagnes, y vient en bouillonnant décharger
ses eaux dans la rivière de Saint-Frédéric et dans le lac
Champlain. Le second bataillon de Berry fut chargé de
la garde et du service du fort de Carillon.

Le marquis de Montcalm fit en même temps reconnoître et déterminer par les sieurs de Pontleroy et
Desandrouins, ingénieurs, la position d'un camp retranché qui pût couvrir ce fort ; et, comme nous n'avions
que peu de Canadiens et seulement quinze sauvages,
il tira des bataillons françois deux troupes de volontaires
dont il donna le commandement au sieur Bernard,
capitaine au régiment de Béarn, et Duprat, capitaine
dans celui de la Sarre.

Le 3 au soir, des découvreurs que nous avions sur
le lac Saint-Sacrement, avertirent qu'ils y avoient vu
un grand nombre de berges, qui devoient [être] et qui
étoient en effet l'avant-garde de l'armée ennemie. L'ordre
fut aussitôt donné aux troupes du camp du Portage et
de la Chute de prendre les armes et de passer la nuit
au bivouac et de déblayer les équipages. Les volontaires de Duprat furent envoyés prendre poste sur une
rivière que l'on appelle la rivière de Bernetz, laquelle

vient, entre les montagnes dont ce pays est couvert, se jeter dans celle de la Chute.

Les ennemis pouvoient nous tourner par les derrières de ces montagnes, et il étoit nécessaire d'en être instruits. On détacha trois cent cinquante hommes aux ordres du sieur de Trépezec, capitaine au régiment de Béarn, pour se porter entre la Montagne-Pelée et le camp du Portage. On prit aussi des mesures pour éclairer le débarquement que les ennemis pouvoient faire sur la rive droite du lac Saint-Sacrement.

Le 6, à quatre heures du matin, on aperçut en vue du Portage l'avant-garde de l'armée ennemie. Sur-le-champ, le marquis de Montcalm envoya ordre aux sieurs de Pontleroy et Desandrouins de tracer en avant de Carillon, sur le terrain déjà déterminé, des retranchements en abatis, et au premier bataillon de Berry d'y travailler avec ses drapeaux.

Les ennemis commencèrent à débarquer sur les neuf heures. Le sieur de Bourlamaque fit alors sa retraite en leur présence avec les trois bataillons du Portage dans le meilleur ordre du monde; il se joignit au marquis de Montcalm, qui l'attendoit en bataille sur les hauteurs de la rive droite de la Chute avec Royal-Roussillon et le premier bataillon de Berry. Ces cinq bataillons réunis passèrent la rivière, en rompirent le pont, et, avec ceux de la Sarre et Languedoc, occupèrent les hauteurs qui bordent la rive gauche.

Cette retraite se seroit faite sans perdre un seul homme, si [le détachement du sieur de Trépezec n'avoit été abandonné] du petit nombre de sauvages qui lui servoient de guides. Il se perdit dans ces

montagnes couvertes de bois et vint, après douze heures
de marche, tomber dans une colonne angloise, qui
marchoit vers la rive de la Chute. Nous avons eu
dans ce détachement six officiers et environ cent cinquante soldats tués ou pris. Il s'est longtemps défendu ;
mais il a fallu céder au nombre. Les Anglois ont fait
une perte considérable en la personne de milord Howe,
maréchal des logis de leurs armées et colonel d'un des
régiments de la Vieille-Angleterre.

Sur les six heures du soir, le sieur Duprat ayant
donné avis que les ennemis poussoient une tête vers la
rivière de Bernetz avec des pionniers et que leurs
desseins étoient évidemment d'y jeter un pont, le
marquis de Montcalm lui envoya ordre de se replier
et commença lui-même sa retraite vers les hauteurs de
Carillon, où il arriva au soleil couché. Dès le soir
même, une partie des troupes réglées vinrent occuper
les deux rives de la Chute, longeant vers la rivière de
Bernetz, et s'y retranchèrent. Le reste de leur armée
occupa le terrain du débarquement du Portage et se
retrancha pareillement.

Le 7, l'armée françoise fut toute employée au travail
des abatis. Cet abatis flanquoit une trouée derrière
laquelle on devoit placer six pièces de canon pour la
battre ainsi que la rivière.

La droite appuyoit également une hauteur dont la
pente n'étoit pas si roide que celle de la gauche. La
plaine, entre cette hauteur et la rivière Saint-Frédéric,
étoit flanquée par une batterie de quatre pièces de
canon qui n'a été finie que le lendemain de l'action.

De plus, le canon du fort étoit dirigé sur cette place
ainsi que le débarquement qui pouvoit se faire à la
gauche.

Le centre, suivant la sinuosité du terrain, conservoit
le sommet des hauteurs, et toutes les parties se flanquoient réciproquement. Plusieurs à la vérité y furent,
ainsi qu'à la droite et à la gauche, battus ou écharpés
par les ennemis; mais c'est qu'ils ne nous donnèrent
pas le temps d'y élever des traverses. Cette espèce de
retranchement étoit fait de troncs d'arbres couchés les
uns sur les autres, ayant en avant des arbres renversés
dont les branches coupées et appointies produisoient
l'effet de chevaux de frise.

Entre six et sept heures du soir, les piquets de nos
troupes détachés aux ordres du chevalier de Lévis
arrivèrent au camp, et le chevalier de Lévis y arriva
dans la nuit.

Toute la journée, nos volontaires firent le coup de
fusil avec les troupes légères des ennemis. Le général
Abercromby s'étoit de sa personne, avec une partie des
milices et le reste des troupes réglées, avancé jusqu'à
la Chute. Il y avoit fait [mettre] plusieurs berges et
pontons montés de deux pièces de canon chacun. Ces
troupes élevèrent aussi dans cette partie des retranchements les uns en avant des autres, dont le plus près de
notre abatis en étoit à peine à une portée de canon.
Nous passâmes la nuit au bivouac le long des retranchements.

Le 8, on battit la générale à la pointe du jour, afin
que toutes les troupes pussent connoître leurs postes
pour la défense du retranchement, suivant la disposition

ci-dessous qui étoit à peu près celle dans laquelle on y avoit travaillé. L'armée étoit composée de huit batail-lons : ceux de la Reine, la Sarre, Royal-Roussillon, Languedoc, Guyenne, les deux bataillons de Berry et celui de Béarn, et de quatre cent cinquante Canadiens ou soldats de la marine ; ce qui faisoit en tout trois mille six cents hommes combattants.

A la gauche de la ligne furent postés les bataillons de la Sarre et de Languedoc et deux piquets arrivés la veille. Les volontaires de Bernard et de Duprat gar-doient la trouée percée sur la rivière de la Chute.

Le centre étoit occupé par le premier bataillon de Berry, par celui de Royal-Roussillon et le reste des piquets du chevalier de Lévis.

La Reine, Béarn et Guyenne défendoient la droite, et, dans la plaine, entre l'escarpement de cette droite et la rivière de Saint-Frédéric, on avoit posté les troupes de la marine et les Canadiens, retranchés aussi par des abatis. Dans tout le front de la ligne, chaque bataillon avoit derrière lui une compagnie de grenadiers et un piquet en réserve, tant pour soutenir leurs bataillons que se porter où il seroit nécessaire.

Le chevalier de Lévis fut chargé de la droite, le sieur de Bourlamaque de la gauche ; le marquis de Mont-calm se réserva le centre.

Cette disposition réglée et connue, les troupes se remirent aussitôt au travail. Partie fut occupée à per-fectionner l'abatis, le reste à perfectionner les batteries mentionnées ci-dessus et une redoute qui devoit encore prolonger la droite.

Le matin de ce jour, le colonel Johnson arriva à l'armée angloise avec trois cents sauvages chactas, loups et des cinq-nations, et le capitaine Jacob avec cent cinquante autres bientôt après. Nous les vîmes ainsi que quelques troupes légères sur une montagne qui est vis-à-vis Carillon, de l'autre côté de la rivière de la Chute. Ils firent une grande fusillade qui n'interrompit point le travail et on ne s'amusa point à leur répondre.

A midi et demi, l'armée angloise déboucha sur nous. Les compagnies des grenadiers, les volontaires et brigades arrivés en bon ordre, rentrèrent dans la ligne au moment même, et au signal convenu toutes les troupes furent à leurs postes.

La gauche fut la première attaquée par deux colonnes angloises; l'une cherchoit à tourner le retranchement et se trouva sous le feu du régiment de la Sarre; l'autre dirigea sa marche sur un saillant entre Languedoc et Berry. Le centre, où étoit Royal-Roussillon, fut attaqué presque en même temps par une troisième colonne. Une quatrième attaqua la droite entre Béarn et la Reine. Ces différentes colonnes étoient entremêlées de leurs troupes légères et meilleurs tireurs, lesquels, couverts par des arbres ont fait sur nous le feu le plus meurtrier.

Au commencement de l'affaire, quelques berges et pontons partis de la Chute s'avancèrent en vue de Carillon. La bonne contenance des volontaires de Bernard et de Duprat que soutenoit le sieur de Poulariés, capitaine de grenadiers, et un piquet de Royal-Roussillon, et quelques coups de canon tirés du fort, les forcèrent de se retirer.

Les différentes attaques furent presque toutes l'après-midi et presque partout de la plus grande vivacité.

Comme les Canadiens et troupes de la colonie ne furent point attaqués, ils dirigèrent leurs feux sur la colonne qui attaquoit notre droite et qui se trouvoit quelquefois à portée d'eux. Cette colonne composée de grenadiers anglois et de montagnards d'Ecosse, continua sa charge pendant trois heures, sans se rebuter ni se rompre ; et plusieurs d'entre eux se sont fait tuer à quinze pas de notre abatis. Sur les cinq heures, la colonne qui avoit attaqué vivement Royal-Roussillon, se rejeta sur le saillant défendu par le régiment de Guyenne et par la gauche de celui de Béarn. La colonne qui avoit attaqué la droite s'y rejeta aussi, en sorte que le danger devint urgent à cette partie. Le chevalier de Lévis s'y porta avec quelques troupes de la droite que les ennemis ne faisoient plus que fusiller. Le marquis de Montcalm y accourut aussi avec quelques-unes de réserves et les ennemis éprouvèrent une résistance qui ralentit leur ardeur. La gauche soutenoit toujours le feu des deux colonnes qui tentoient de percer dans cette partie. Le sieur de Bourlamaque y avoit été dangereusement blessé sur les quatre heures, et les sieurs de Senezergues et de Privat, lieutenants-colonels de la Sarre et de Languedoc, suppléoient à son absence en donnant les meilleurs ordres. Le marquis de Montcalm s'y porta plusieurs fois et fut attentif à y faire passer du renfort dans les moments de crise.

Sur les six heures, les deux colonnes de la droite abandonnèrent l'attaque de Guyenne et vinrent faire encore une tentative contre Royal-Roussillon et Berry, et enfin un dernier effort à la gauche.

A sept heures, l'armée ennemie ne s'occupa plus que de sa retraite, favorisée par le feu des troupes légères, lequel s'entretint jusqu'à la nuit. Ils abandonnèrent avec le champ de bataille leurs morts et une partie de leurs blessés. L'obscurité de la nuit, l'épuisement et le petit nombre de nos troupes, les forces de l'ennemi étant malgré leurs pertes encore infiniment supérieures à nous, la nature de ces bois dans lesquels on ne pouvoit sans sauvages s'engager contre une armée qui en avoit quatre ou cinq cents, plusieurs retranchements élevés en échelons depuis le champ de bataille jusqu'à leur camp, voilà les obstacles qui nous ont empêchés de suivre les ennemis dans leur retraite. Nous comptions même qu'ils reviendroient le lendemain prendre leur revanche, et nous travaillâmes toute la nuit à nous défiler des hauteurs voisines par des traverses, à perfectionner l'abatis des Canadiens et à finir les batteries de la droite et de la gauche commencées la matin.

Le 9, nos volontaires ayant averti le marquis de Montcalm que les postes de la Chute et du Portage paroissoient abandonnés, il donna ordre au chevalier de Lévis d'aller le lendemain à la pointe du jour avec les grenadiers, les volontaires et des Canadiens reconnoître ce qu'étoit devenue l'armée ennemie.

Le chevalier de Lévis s'avança jusqu'au delà du Portage et trouva partout les traces d'une marche précipitée : des blessés, des vivres, des équipages abandonnés, des débris de berges et de pontons brûlés, preuves incontestables de la grande perte que les ennemis ont faite. Nous l'estimons à quatre mille hommes tués ou blessés ; s'il en falloit croire quelques-uns d'entre eux et la promptitude de leur retraite, elle seroit encore plus considérable ; ils ont perdu plusieurs officiers principaux.

Les sauvages des Cinq-Nations sont restés spectateurs à la queue des colonnes. Ils attendoient sans doute pour se déclarer l'événement d'un combat qui ne paroissoit pas aux Anglois devoir être douteux. L'acte que nous avons entre les mains, publié dans leurs colonies pour la levée et l'entretien de cette armée, annonçoit l'invasion générale du Canada, et ces mêmes termes sont exprimés dans toutes les commissions de leurs officiers domiciliés. Il leur est dû la justice qu'ils nous ont attaqués avec la plus vive opiniâtreté. Il n'est pas ordinaire que des retranchements le soient sept heures de suite sans aucun relâche.

Cette victoire est due à la bonne manœuvre de nos généraux avant et pendant l'action et à la valeur incroyable des troupes. Tous les officiers de l'armée s'y sont conduits de façon que chacun d'eux mériteroit un éloge particulier. Nous avons eu environ quatre cent cinquante hommes tués ou blessés, dont trente-huit officiers.

(Suit l'État des tués et blessés, comme dans la relation précédente).

NOUVELLES SAUVAGES

NOVEMBRE ET DÉCEMBRE 1758 *

Le 26 novembre 1758. — Les Anglois tinrent conseil à Kachckacheki avec neuf colliers, dont deux attachés ensemble, l'un de la part des Loups et des Onontagués et l'autre de la part des Cinq-Nations qui invitent les Loups à écouter la parole des Anglois et à faire alliance avec eux.

Précis du conseil des Anglois

" Mes frères, nous sommes envoyés de la part du Roi pour rétablir l'ancienne alliance que nous avons eue avec vos anciens grands-pères et avec vous autres. Nous ne savons pas pourquoi nous sommes brouillés ensemble. Il faut aujourd'hui oublier toutes les mauvaises affaires et ne penser qu'à ce que faisoient autrefois vos ancêtres, qui ne travailloient qu'aux bonnes affaires. Laissez-nous faire avec les François ; la querelle que nous avons ensemble ne regarde point les sauvages.

---

* Cette pièce n'est pas signée. Le texte indique qu'elle a dû être écrite par quelque officier commandant l'un des forts des pays d'En-Haut, probablement par M. Des Ligneris, au fort Duquesne, ou par M. de Vassan, au fort Niagara. — NOTE DE L'ÉDITEUR.

Retirez vos jeunes gens du fort Duquesne ; car nous serions fâchés qu'il leur arrivât du mal ; c'est pourquoi nous venons vous avertir.

Nous fermons les yeux et les oreilles aux François, afin qu'ils ne voient ni n'entendent ce que je vous dis aujourd'hui. Je leur ai barré la rivière du Canada, de façon qu'ils ne peuvent avoir des secours de France. Faites part de ce que je vous dis aux nations avec lesquelles vous êtes alliés. Assurez-les que j'aurai toujours du plaisir à les voir et de leur prouver mon amitié, ils ne manqueront de rien avec moi. Tous ceux qui viendront me voir n'ont pas besoin de provisions ; j'ai eu attention d'en mettre tout le long du chemin que j'ai fait pour me rendre chez vous, ce chemin est beau, vous n'y trouverez aucun ...* ni pierres. Vous pouvez y marcher de nuit comme de jour sans rien craindre, parce que tous ceux qui passent par cette route ont l'esprit bien fait et le cœur bon. Je vous invite à le suivre et vous vous en trouverez bien.

Le roi de France nous a déjà demandé deux fois la paix ; mais nous l'avons toujours refusée ".

Le 28 novembre. —

Réponse des Loups aux Anglois

Par six branches de porcelaine blanche : " Mon frère, nous sommes charmés de vous entendre parler de nos grands-pères. Il est vrai qu'ils ne travailloient qu'aux bonnes affaires. Nos femmes, nos enfants ont du plaisir

---

* Un mot illisible.

de vous entendre si bien parler. Mon frère, nous sommes alliés avec beaucoup de nations différentes ; c'est pourquoi nous ne pouvons pas répondre promptement à vos paroles. Ne vous impatientez pas si nous sommes tous nus ; nos parents sont éloignés d'ici ".

Par cinq branches de porcelaine noire : " Mon frère, si vous voulez que nous écoutions votre parole tranquillement, il faut vous retirer de l'autre côté des montagnes et laisser notre terre libre, sans quoi nous ne ferons jamais alliance avec vous. Voilà tout ce que nous avons à vous dire ". Les députés partirent sur le soir.

Paroles des nations portées par les Goyogouins
par un collier

" Mes neveux, je vous porte à écouter la parole de nos frères les Anglois et à les prendre par la main, parce que nous sommes envoyés de la part de tous les chefs de nos villages qui sont marqués sur ce collier ".

Paroles des Têtes-Plates

" Mes frères, soyez persuadés que nous ne romprons jamais la paix que nous avons faite ensemble. Les Cinq-Nations viennent de nous donner une hache et un couteau pour lever des chevelures sitôt qu'ils nous le diront ; voilà tout ce que nous savons ".

Par un collier, conseil particulier de la part
des Cinq-Nations

" Mes neveux, il faut arrêter votre hache pour quelques jours. Nous sommes à travailler à mettre

notre terre tranquille. Il faut pour cela que le François
et l'Anglois se retirent de la Belle-Rivière. C'est pourquoi je vous dis d'arrêter votre hache. Celui des deux
qui n'écoutera pas, toutes les nations frapperont sur
lui ".

Du 28 ou 29, la nuit. — Il arrive un collier de la
part du chef iroquois [qui est] avec les Anglois au fort
Duquesne, qui demande le Castor, son frère, et plusieurs
autres de se rendre à la Fourche, où doit se trouver le
sieur Georges Crown et le sieur André Montrro *(sic)*
pour tenir conseil.

29 novembre. — Je * fis partir tous mes François avec
plusieurs sauvages pour s'aller mettre dans un lieu un
peu plus sûr que celui-ci.

Le 6 décembre. — Il arriva un sauvage venant des
Anglois. Il me dit que le conseil étoit fini, que les
Anglois avoient consenti à se retirer chez eux et à ne
point faire d'établissement dans la Belle-Rivière, qu'ils
partiroient tous sous dix jours.

Le 8 décembre. — Un chef de guerre qui se nomme
Quolicciganne, autrement la Mère en françois, me dit
que le général Forbes étoit parti ; qu'il n'avoit point
consenti à se retirer ; que les Anglois avoient commencé
un fort de pieux debout et qu'ils n'y étoient que deux
cents hommes ; que, sous dix jours, ils recevroient deux
mille hommes avec quantité de marchandises pour faire
des présents aux sauvages et traiter avec eux.

---

* Cette relation n'étant pas signée, on ne peut dire quel
est l'officier qui parle. — NOTE DE L'ÉDITEUR.

Le même jour, j'ai donné un collier pour tâcher de lever un parti. Ils me rendirent le collier et me dirent qu'aussitôt que les François marcheroient en gros ils les suivroient ; qu'ils ne pouvoient pas faire la guerre seuls ; que, depuis que les François étoient dans la Belle-Rivière, tous les ans ils devoient voir beaucoup de monde ; que, sitôt qu'ils verroient paroître l'armée françoise, ils ne seroient pas les derniers prêts. Quelques autres me font espérer que nous frapperons avant qu'il soit peu.

CAMPAGNE DE 1759 *

La campagne de 1758 n'avoit en Canada fini qu'avec les glaces. Les dispositions des ennemis du côté des lacs, l'hivernement de deux escadres à Louisbourg et Halifax annonçoient le projet formé d'attaquer la colonie par toutes ses parties et d'intercepter les secours que la France y pourroit envoyer.

Huit bataillons, quarante compagnies des troupes de la marine, affoiblies par les pertes de quatre campagnes, et les milices du pays mal armées, pour combattre contre des troupes réglées avec des sauvages portés d'assez mauvaise volonté par la fuiblesse de nos forces vis-à-vis celle de nos ennemis, de mauvais forts qui n'en méritent pas le nom, voilà ce que le Canada devoit opposer aux efforts puissants de l'Angleterre constamment occupée de le conquérir. A peine les glaces étoient fondues que le sieur de Bourlamaque, brigadier, se rendit à Carillon avec environ deux mille cinq cents hommes, composés des bataillons de la Reine et de Berry, et deux cents sauvages iroquois.

Comme il étoit impossible de sauver la colonie en entier, on résolut d'en sacrifier quelques parties pour

---

* Cette pièce n'est pas signée.

ne pas tout perdre. M. de Bourlamaque eut ordre d'évacuer, aux approches des ennemis, Carillon et Saint-Frédéric et de se retirer dans un poste moins éloigné de Montréal, qui couvrît cette frontière et qu'un petit nombre pût défendre contre les approches des ennemis. Le chevalier de Lévis, maréchal de camp, choisit l'Ile-aux-Noix, située au bas du lac Champlain à quinze lieues de Montréal et tout à fait propre à remplir cet objet.

Cinq cents hommes, dont trois piquets des troupes de terre aux ordres du sieur Pouchot, capitaine au régiment de Béarn, furent destinés à défendre Niagara, et on crut indispensable un corps de douze à quinze cents hommes pour se montrer à la Belle-Rivière pour y conserver l'alliance des sauvages.

M. le chevalier de La Corne, capitaine des troupes de la marine, avec un pareil nombre de soldats de la marine et des miliciens, fut chargé de garder la tête des rapides du fleuve Saint-Laurent et l'embouchure de la rivière de Chouaguen.

Les cinq autres bataillons et le reste des troupes de la marine restèrent en quartiers dans les gouvernements de Montréal et des Trois-Rivières, ainsi que les milices, pour se porter au besoin le plus pressant. Il étoit d'ailleurs impossible de les tenir assemblés faute de vivres.

Le sieur de Bougainville, colonel, arriva de France le 15 mai. La flotte du sieur Cadet, munitionnaire général, conduite par le sieur Canon, lieutenant de frégate, chargée de quelques munitions de guerre et de bouche, parut devant Québec dans le même temps, et, le 20 du même mois, une avant-garde de douze vaisseaux de ligne anglois étoit mouillé à l'Ile-aux-Coudres. Le reste de la flotte composée de près de trois cents voiles portant douze mille hommes de débarquement aux ordres des généraux Wolfe, Monckton et Townshend, arriva successivement jusqu'au milieu de juin.

Le 10 du même mois, leurs premiers vaisseaux firent la Traverse et mouillèrent au sud de l'Ile-d'Orléans.

Le marquis de Montcalm étoit arrivé à Québec le 22 de mai, le marquis de Vaudreuil le 25 ; et le chevalier de Lévis, avec les cinq bataillons de la Sarre, Royal-Roussillon, Languedoc, Guyenne et Béarn, les troupes de la marine, les milices et les sauvages, les suivit de près. On avoit proposé de barrer la Traverse, passage jugé dangereux, en y coulant des navires à fond ; mais cette manœuvre se trouva impraticable, et l'on y renonça après l'avoir examinée avec les sieurs Vauquelin et Sauvage, commandants des deux frégates du Roi, arrivées en même temps que les vaisseaux du munitionnaire.

On ordonna d'armer huit navires en brûlots, de construire des radeaux et plusieurs chaloupes carcassières.

Les vaisseaux montèrent au-dessus de Québec pour y servir de dépôt à nos vivres et munitions. La marine prêta trois cents matelots pour être employés à travailler aux lignes droites de la rivière Saint-Charles, qui a son embouchure dans le fleuve Saint-Laurent près d'un des faubourgs de Québec.

La marine fournit encore six cents matelots pour servir les batteries de la place et de la plage de Beauport, et on mit tout en œuvre pour fermer du moins en palissades la ville de Québec et y construire des batteries. On traça à celle de Beauport des redoutes et redans qui se flanquoient. L'on jeta un pont sur la rivière Saint-Charles pour communiquer à la plage de Beauport.

L'on forma un corps de deux cents volontaires à cheval aux ordres du sieur de la Rochebeaucour, capitaine de cavalerie, aide de camp du marquis de Montcalm. On en forma aussi un de deux cent cinquante à pied, aux ordres du sieur Duprat, capitaine au régiment de la Sarre. Ces deux corps ont servi avec beaucoup de distinction et ont été de la plus grande utilité pendant le cours de la campagne.

Le 4 juin, le sieur de Bougainville fut chargé de faire travailler aux redoutes qui ne devoient fermer que le terrain compris entre la rivière Saint-Charles et le ruisseau de Beauport ; mais le chevalier de Lévis, ayant bien reconnu cette plage, fut d'avis et insista à embrasser aussi dans notre développement l'espace compris entre la rivière de Beauport et le Sault-Montmorency, qui devoit former la gauche de notre ligne, point d'appui presque invincible. Aussitôt que les troupes furent entièrement arrivées, elle vinrent camper entre la rivière Saint-Charles et le Sault-Montmorency ; le marquis de Vaudreuil à la droite avec les gouvernements de Québec et des Trois-Rivières, le chevalier de Lévis à la gauche avec celui de Montréal et les volontaires à pied et à cheval, le marquis de Montcalm au centre avec le sieur de Senezergues, brigadier, et les cinq bataillons.

Le 29 juin, on voulut faire usage des brûlots qui furent sans effet. Les radeaux, quoique conduits près de la ligne des vaisseaux anglois par le sieur de Courval et soutenus par des grenadiers aux ordres du sieur de ·Bougainville, ne firent pas non plus l'exécution qu'on en attendoit.

Le 30, les Anglois débarquèrent au Sud, presque vis-à-vis de Québec, la moitié de leur monde, et l'autre en l'Ile-d'Orléans, et nous menacèrent en même temps d'une attaque générale sur tout le front de la ligne. On travailla avec vivacité à joindre les redoutes et redans et les batteries par des épaulements, de manière que nous nous trouvâmes assez bien enfermés dans nos lignes.

Le 9, la plus grande partie de l'armée des ennemis, qui étoit à l'Ile-d'Orléans, débarqua au Sault-Montmorency et s'établit sur la rive gauche de cette rivière avec une artillerie considérable qui battoit de revers nos retranchements, ce qui fit faire quelques changements à la position de notre camp.

Le chevalier de Lévis, qui avoit reconnu les gués de la rivière de Montmorency, les fit retrancher, et le sieur de Repentigny, capitaine des troupes de la marine, fut chargé de les défendre.

La nuit du 12 juillet, les batteries construites par les ennemis à la Pointe-de-Lévis commencèrent à tirer. Cinq mortiers et dix pièces de gros canons firent sur les maisons de cette ville un feu très vif qui ne s'est point ralenti pendant deux mois et que la disette où on étoit de poudre ne permettoit pas aux batteries de tâcher d'éteindre. Les incendies étoient continuels par les carcasses et les pots-à-feu.

Le feu du canon et des bombes du Sault-Montmorency contraignit le chevalier de Lévis à changer la position de son camp et à faire monter dans le retranchement une garde d'un bataillon relevée comme celle d'une tranchée.

La nuit du 18 au 19, trois vaisseaux remontèrent le fleuve malgré le canon de la place, la nuit étant fort obscure. Ils se mouillèrent à demi-lieue au-dessus. Cette démarche fit craindre qu'ils ne tentassent un débarquement dans cette partie. On y détacha le sieur Dumas, major général des troupes de la marine, avec six cents hommes, et le sieur de la Rochebeaucour, avec les volontaires à cheval, se porta vers la rivière de Jacques-Cartier. Il étoit très important de nous conserver une communication libre avec Montréal et nos vaisseaux, dont nous tirions toutes nos munitions.

Le 21 juillet, les ennemis firent une descente à la Pointe-aux-Trembles, sept lieues au-dessus de Québec. Ils se rembarquèrent aussitôt, prirent des femmes, des enfants et des bestiaux.

Nous apprîmes le 22 que le sieur de Bourlamaque avoit évacué Carillon après l'avoir démantelé. Il fit la même manœuvre à Saint-Frédéric trois jours après. Il tira de ces deux forts toutes les munitions de guerre et de bouche. Il prit poste à l'Ile-aux-Noix, qu'il s'appliqua à fortifier et à garder le lac Champlain avec trois chebecs et une barque armée de canon.

Le 31, un vaisseau de soixante canons et deux frégates de vingt s'embossèrent vis-à-vis la gauche de nos retranchements. Les ennemis démasquèrent en même temps sur la hauteur du Sault-Montmorency une nouvelle batterie de vingt canons et de six mortiers. Sur les onze heures, ils firent un mouvement par la droite de leur camp, qui paroissoit être pour marcher aux postes du sieur de Repentigny.

Le chevalier de Lévis y envoya sur-le-champ les volontaires de Duprat avec la compagnie des grenadiers de Royal-Roussillon qu'il rappela une heure après, les ennemis étant rentrés dans leur camp. Les troupes du camp de la Pointe-de-Lévis s'étant embarquées dans des berges et mises en panne entre leurs vaisseaux, le marquis de Montcalm envoya au chevalier de Lévis les quatre autres compagnies de grenadiers et fit avancer jusqu'au centre la droite de l'armée. Sur les quatre heures, les berges commencèrent à s'approcher de leurs vaisseaux échoués. Le chevalier de Lévis renforça sa gauche qui se tint dans ses retranchements, malgré le feu terrible des ennemis. Sur les cinq heures, l'attaque paroissant absolument déterminée entre les vaisseaux embossés et le Sault-Montmorency, le sieur de Bougainville eut ordre de conduire à la gauche les piquets de Royal-Roussillon, Guyenne et Languedoc. Les deux premiers bataillons y marchèrent aussi. Dans le même temps, la mer étant presque basse, les troupes angloises, campées au Sault, descendirent en colonne, passèrent le Sault a gué et vinrent se joindre à celles de la Pointe-de-Lévis, qui débarquèrent sous la protection de leurs frégates et se mirent aussitôt en bataille. Onze compagnies de grenadiers et quatre cents volontaires s'avancèrent sur-le-champ pour attaquer une redoute que le chevalier de Lévis ordonna d'abandonner. Ils marchèrent à nos retranchements de bonne grâce ; mais le feu que leur fit faire le chevalier de Lévis les mit en désordre. Une grosse pluie interrompit le combat. Le marquis de Montcalm arriva avec une partie·des troupes de la droite ; mais, lorsque l'orage fut passé, les ennemis se retirèrent, partie dans leurs berges, le reste au Sault, et mirent le feu à leurs frégates qu'ils avoient fait échouer. L'attaque leur coûta six cents hommes. On suppose qu'ils nous tirèrent trois mille coups de canon, sans compter les bombes et grenades.

Le 5 août, les ennemis ayant embarqué environ quinze cents hommes sur les bâtiments qu'ils avoient au-dessus de Québec, le sieur de Bougainville fut envoyé avec la compagnie des grenadiers de Béarn, un piquet de Languedoc et deux de milices pour suivre leurs mouvements.

Le 8, ils tentèrent deux fois, la première à marée basse et la seconde à marée haute, de débarquer à la Pointe-aux-Trembles. Le sieur de Bougainville, avec quatre cents hommes qu'il rassembla et dont étoient les volontaires à cheval qu'il fit combattre à pied, les repoussa avec perte.

Le 9, nous apprîmes la prise de Niagara. Les troupes que l'on avoit rappelées de la Belle-Rivière pour le secourir, furent battues par la trahison des sauvages, et ce secours battu força le commandant à se rendre après dix-sept jours de tranchée ouverte. On craignit alors que les ennemis ne pénétrassent par les Rapides jusqu'à Montréal, et cet objet parut si intéressant que le chevalier de Lévis partit en poste la même nuit. Il emmena avec lui le sieur Mercier, commandant d'artillerie, et le sieur Lapause, faisant les fonctions d'aide-maréchal des logis.

Le 10 et le 11, huit cents hommes de notre armée furent détachés pour le suivre. Il ne s'en arrêta à Montréal qu'autant qu'il en falloit pour rassurer les esprits. Il se hâta d'aller rendre la confiance au détachement du chevalier de La Corne, auquel il donna ses nouvelles instructions. Ce détachement s'étoit porté à la rivière de Chouaguen. Il y avoit débarqué ; mais la supériorité des ennemis le fit rembarquer précipitamment et avec perte. Le chevalier de Lévis choisit une île nommé Oracointon pour y construire un petit fort de campagne et couvrir la tête des Rapides. Le marquis de Montcalm, après le départ du chevalier de Lévis, fut se poster de sa personne à la gauche, et, le lendemain, il fit passer la rivière du Sault à huit cents hommes qui battirent un détachement des ennemis.

Nous apprîmes le 19 que les ennemis avoient débarqué à Deschambault, à quatorze lieues au-dessus de Québec, où les équipages de l'armée étoient en dépôt. Le marquis de Montcalm jugea l'événement d'une assez grande importance pour s'y porter de sa personne. Il emmena avec lui le chevalier de Montreuil, major général, et il fit avancer les grenadiers jusques à la Pointe-aux-Trembles ; mais il apprit que le sieur de Bougainville avoit fait rembarquer les ennemis, dont la première opération, après leur débarquement, avoit été de brûler la maison où étoient déposés les effets de l'armée.

La nuit du 27 au 28 août étant fort obscure, cinq

vaisseaux remontèrent la rivière et allèrent joindre les quatre voiles que les ennemis avoient fait passer précédemment et qui mouillèrent vis-à-vis Saint-Augustin, quatre lieues au-dessus de Québec.

La nuit du 29 au 30, ils attaquèrent le sieur de Bougainville et firent un grand feu de canon et de mousqueterie depuis dix heures du soir jusqu'à une heure après minuit, mais sans avoir osé débarquer. Il ne se passa presque pas un jour dans le cours de ce mois que le général Wolfe ne fît brûler des habitations dans les côtes Nord et Sud, où ses troupes pouvoient débarquer sans obstacles.

La nuit du 31 août au 1er septembre, quatre voiles passèrent encore sous le canon de la place pour aller grossir le nombre de celles qui y étoient déjà. L'ennemi se préparoit en même temps à quitter sa position du Sault-Montmorency, et augmentoit par ses manœuvres la crainte où nous étions de voir notre communication coupée.

Le 3 septembre, on aperçut à la pointe du jour quatre-vingts ou cent berges [près] de la frégate mouillée au Sault-Montmorency, les unes pleines de soldats, les autres vides. Trois colonnes descendirent successivement et enfin une grosse arrière-garde ; le tout s'embarqua presque à la portée du canon, que le marquis de Montcalm fit cependant tirer à toute volée. Vers midi, à marée haute, toutes les berges descendirent en rangeant la côte du Sud de très près pour ranger nos batteries. En même temps on vit paroître à la Pointe-de-Lévis une quarantaine de berges qui firent soupçonner une attaque à la droite et à la gauche de la ligne. Le marquis de Montcalm fit ses dispositions pour les recevoir; mais cette manœuvre n'avoit pour objet que de nous occuper et favoriser la retraite du camp du Sault. Trois à quatre bataillons allèrent camper à l'Ile-d'Orléans et le reste vint s'embarquer dans les vaisseaux.

Ce changement dans la position des ennemis détermina le marquis de Vaudreuil et le marquis de Montcalm à changer les nôtres. Il fortifia la droite des troupes qu'il retira de la gauche. On augmenta les postes qui gardoient les passages accessibles au-dessus de Québec et on joignit au camp volant du sieur de Bougainville les grenadiers et les volontaires de l'armée.

La nuit du 7 au 8 septembre, un grand nombre de berges, qui furent aperçues par nos rondes sur l'eau, firent border le retranchement en passant la nuit au bivouac. Une heure avant le jour, quatre bâtiments montèrent au-dessus de la place.

La nuit du 12 au 13, un mouvement extraordinaire de berges fit coucher les troupes au bivouac. Une heure avant le jour, on entendit quelques coups de fusil au-dessus de Québec. Nous ne doutâmes point qu'un petit convoi que l'on attendoit de faire passer par l'eau n'eût été découvert et pris. Comme il n'arriva aucune nouvelle de cette partie et que tout paroissoit tranquille, on ne soupçonnoit rien. Ce ne fut qu'au grand jour qu'on entendit une autre fusillade. Le régiment de Guyenne eut ordre de se porter sur les hauteurs de Québec, et y trouva à son arrivée l'ennemi débarqué au nombre de six mille hommes qui travailloient déjà à se retrancher. Ils avoient pénétré par la rampe escarpée de l'Anse-au-Foulon, dont le poste avoit été surpris. Le marquis de Montcalm y courut avec le chevalier de Montreuil, à qui il ordonna, en arrivant sur les hauteurs de Québec, où il vit l'ennemi qui se formoit, de faire venir les troupes qui étoient campées à Beauport et d'y laisser quatorze cents hommes aux ordres du sieur de Poulariés, lieutenant-colonel, pour garder la ligne, qui étoit formée par quatre-vingts berges qui étoient en panne vis-à-vis la Pointe-de-Lévis.

Le chevalier de Montreuil fit marcher l'armée avec la plus grande diligence, après avoir rendu compte au marquis de Vaudreuil de la manœuvre des ennemis et de l'ordre qu'il venoit de recevoir pour mettre l'armée en mouvement. Il joignit ensuite le marquis de Montcalm qui avoit formé les troupes à mesure qu'elles arrivoient. Ce général fit avancer des pelotons qui fusillèrent à la faveur des buissons et que soutenoient six pièces de campagne que le sieur de Montbeillard, capitaine d'artillerie, y avoit conduites. Le travail de l'ennemi avançoit et il y avoit déjà deux pièces de gros canons. Le marquis de Montcalm qui avoit toujours senti l'impossibilité d'attaquer des retranchements avec les troupes qu'il commandoit, résolut d'attaquer l'ennemi avant qu'il fût plus à couvert. Il se mit à la tête d'environ trois mille hommes qu'il avoit assemblés et qui s'avancèrent avec beaucoup de courage jusqu'à trente pas de l'ennemi. Mais ce brave général ayant été blessé à mort, le sieur de Senezergues, brigadier, et le sieur de Fontbonne, lieutenant-colonel, tués, et plusieurs officiers des troupes de terre et de la marine tués, blessés et pris, la déroute fut générale. On jeta

dans la ville un piquet de chaque bataillon, et le reste
se retira au camp.

Le marquis de Vaudreuil, le chevalier de Montreuil,
le sieur d'Alquier, lieutenant-colonel, et tous Messieurs
les officiers firent leurs efforts pour rallier les troupes.
Le marquis de Montcalm fut conduit à la ville, où il
mourut le lendemain. Il avoit reçu deux coups de feu,
dont l'un le perçoit de part en part au bas-ventre. Son
cheval avoit été blessé de trois coups. Le général
Wolfe fut aussi tué à la tête de son armée.

Le sieur de Bougainville, qui étoit au Cap-Rouge, à
trois lieues de Québec, fut averti trop tard. Quand il
arriva à portée de l'ennemi, nos troupes s'étoient reti-
rées, et l'armée angloise s'avança pour l'attaquer.
Comme il n'avoit que huit cents hommes, il fut contraint de faire sa retraite. Il la fit en bon ordre, et fut
occuper un poste qui le mettoit à portée du marquis de
Vaudreuil. .

On crut devoir abandonner tout tendu le camp de
Beauport et devoir se retirer derrière la rivière Jacques-
Cartier. La réserve du sieur de Bougainville couvrit
cette retraite ; il occupa toujours la rivière du Cap-
Rouge et conserva la communication avec Québec que
les ennemis assiégeoient, où le chevalier de la Rochebeaucour fit entrer un convoi de vivres.

Le chevalier de Lévis, qu'on avoit envoyé chercher,
arriva le 16. Le 17, l'armée remarcha aux ennemis.
Le sieur de Bougainville eut ordre de passer la rivière
Saint-Charles. Il n'étoit qu'à trois quarts de lieue de la
ville, lorsqu'il apprit qu'elle avoit capitulé, cette place

13

étant presque en cendres, ayant été canonnée et bombardée pendant soixante-huit jours. L'armée revint prendre sa position derrière Jacques-Cartier ; le sieur de Bougainville, avec sa réserve, occupa les postes de Lorette et du Cap-Rouge, à portée de Québec.

Le chevalier de Lévis s'occupa à construire à Jacques-Cartier un fort qui pût assurer la tête de ses quartiers d'hiver. Nos partis ont toujours tenu la campagne et empêché les ennemis de sortir de la ville, où ils ont laissé dix bataillons ; ils ont renvoyé seulement les grenadiers de la garnison de Louisbourg, les malades et les blessés de l'armée.

On eut nouvelle à Montréal le 15 que l'armée du général Amherst alloit faire un mouvement. Un bâtiment de douze canons de 18 et des petits portant quatre pièces de 24 qu'ils ont construits à Saint-Frédéric, forcèrent nos chebecs à se faire couler bas, et beaucoup de berges parurent à la vue de l'Ile-aux-Noix. Le marquis de Vaudreuil fit marcher de ce côté une partie des troupes et des milices qu'il rappela de Jacques-Cartier ; mais le mouvement des ennemis ne s'est trouvé qu'un gros détachement.

Du côté des Rapides, ils n'en ont fait aucun. Les efforts de plus de soixante mille hommes et d'une flotte immense contre une poignée- de monde manquant presque de tout, se réduisirent à la prise de Niagara, où les sauvages nous ont trahis, de Carillon et Saint-Frédéric que nous avons abandonnés et des ruines de Québec. Nous avons fait une grande perte en M. le marquis de Montcalm ; il est généralement regretté.

—

JOURNAL DU SIEGE DE QUEBEC *

AVEC UN DÉTAIL PARTICULIER DES ATTAQUES DE L'ARMÉE BRITAN-
NIQUE ET DE L'INVESTISSEMENT DE CETTE VILLE SOUS LES
ORDRES DU VICE-AMIRAL SAUNDERS, DU MAJOR
GÉNÉRAL WOLFE ET DES BRIGADIERS
GÉNÉRAUX MONCKTON ET
TOWNSHEND

[*Traduit de l'anglais par M. Saige*]

———

Le 26 juin, l'amiral Saunders arriva, avec la première
division de la flotte et des transports, vers le milieu de
l'Ile-d'Orléans. Le jour suivant, 27, le général major
Wolfe, à la tête de ses troupes, débarqua en la dite île.
Un instant après le débarquement, il s'éleva un ouragan
si furieux que nombre d'ancres et de vaisseaux furent
perdus. Les transports surtout se sentirent de sa
fureur, car ils furent presque tous dispersés et considérablement éloignés les uns des autres.

L'amiral Saunders députa un message au général
Wolfe pour lui donner avis qu'il avoit des raisons de

———

* Ce journal n'est pas signé.

soupçonner l'artillerie et des forces à l'ennemi à la Pointe-de-Lévis ; sur quoi, le général détacha le brigadier Monckton, avec quatre bataillons, pour les en chasser.

Le 28 juin, à minuit, l'ennemi envoya de Québec sept brûlots. Malgré le nombre de nos vaisseaux et transports qui couvroient une grande partie du chenal, nous vînmes à bout de les resserrer et faire sortir sans recevoir aucun dommage.

La nuit du 29, le brigadier Monckton passa la rivière avec son détachement et marcha le lendemain vers la Pointe-de-Lévis. Il mit l'ennemi en désordre, le força de se retirer et s'empara de son poste. Les partis avancés eurent deux ou trois escarmouches avec les Canadiens et les Indiens ; mais la perte, d'une et d'autre part, fut peu considérable.

Le 1ᵉʳ juillet, l'amiral Saunders fit un mouvement entre la Pointe-de-Lévis et l'Ile-d'Orléans.

Le 3, le colonel Carleton marcha vers la partie occidentale de l'île, où notre armée resta campée depuis le 3 jusqu'au 8, où on établit ensuite l'hôpital et une place qui devoit servir de dépôt pour les magasins.

Les batteries de canon et les mortiers furent disposés avec beaucoup de promptitude près la Pointe-de-Lévis, pour bombarder la ville et pour détruire les ouvrages et les batteries de l'ennemi.

L'ennemi, apercevant dans le lointain ces ouvrages, traversa la rivière avec seize cents hommes, dans le dessein de les attaquer et de les détruire. Malheureusement le désordre se mit dans leurs troupes. Ils firent feu l'un sur l'autre et furent forcés de faire retraite, ce qui nous fit perdre l'occasion de battre ce détachement.

Notre artillerie eut un succès si heureux que la
Haute-Ville fut considérablement endommagée et la
Basse entièrement détruite. Les ouvrages pour la
sûreté de notre hôpital et de nos magasins dans l'Ile-
d'Orléans étant entièrement achevés, le 8, l'amiral plaça
la chaloupe le *Porc-Epic* et le vaisseau *Boscawen* dans
le chenal du Nord, pour couvrir une partie de l'armée
qui, cette nuit-là même, débarqua dans le rivage et
campa près de la gauche de l'ennemi.

Le lendemain matin de notre campement à Montmorency, la compagnie de chasseurs du capitaine Dank,
postée dans un bois pour convoyer quelques ouvriers, fut
attaquée et défaite par un corps d'Indiens. Elle perdit
tant de monde et eut tant de blessés, qu'elle fut presque
entièrement hors d'état de servir le reste de la campagne. Les ennemis souffrirent aussi beaucoup dans cette
affaire et furent à leur tour repoussés par les troupes les
plus proches. L'endroit de la partie orientale de la chute
sembloit, comme il l'est en effet, (de même nature que)
celui qu'occupoit l'ennemi, et en conséquence, paroissoit
devoir nous être avantageux. Il y a de plus en bas de la
chute un endroit guéable qui en facilite le passage, vers la
fin du reflux, pendant quelques heures. M. de Montcalm
se trouvoit dans une situation si avantageuse qu'il
falloit saisir cet instant pour attaquer ses retranchements. En allant à la découverte de la rivière de
Montmorency, nous trouvâmes trois milles plus haut
une place guéable ; mais le bord opposé étoit si bien
retranché, si escarpé et si rempli de bois, que l'on ne
pouvoit raisonnablement penser à y tenter un passage.
Les Indiens attaquèrent deux fois le retranchement et

furent autant de fois repoussés ; mais, dans ces rencontres, nous eûmes quarante hommes, tant officiers que soldats, tués ou blessés.

Le 17 juillet, l'amiral ordonna au capitaine Rous, du *Sutherland*, de s'éloigner de Québec lorsque la nuit pourroit le permettre, au premier vent favorable, et d'amener avec lui la *Diane* avec l'*Ecureuil*, deux chaloupes et deux petits bateaux aussi armés et chargés de provisions. Dans la nuit du 18, ils passèrent devant la ville de Québec sans aucune perte, à l'exception de la *Diane* qui donna avec tant de force contre un rocher de la Pointe-de-Lévis, qu'elle en reçut un très grand dommage. L'amiral fut obligé de l'envoyer, avec vingt-sept voiles de transport de l'Amérique, à Boston, pour y être radoubée, et se retira dans la partie supérieure de la rivière ; ce qui nous donna occasion de reconnoître le pays. Nous trouvâmes la même attention du côté de l'ennemi et de grandes difficultés du nôtre, occasionnées par la nature du terrain et les obstacles insurmontables qui s'opposoient à notre communication avec la flotte. Mais ce que nous avions le plus à craindre, en cas que nous vinssions à aborder entre la ville et la rivière du Cap-Rouge, étoit que nous ne pussions renforcer le corps qui débarqueroit le premier avant qu'il fût attaqué et investi par l'armée ennemie. Malgré les difficultés, le général opina d'abord de faire une tentative à Saint-Michel (de Sillery), distant de la ville d'environ trois milles. Mais, s'apercevant que l'ennemi se méfioit de son dessein, qu'il s'efforçoit de le prévenir par ses préparatifs, qu'il avoit même conduit de l'artillerie et des mortiers, qu'il pourroit augmenter à son gré étant à la proximité de Québec, pour faire jouer sur notre flotte ; considérant d'ailleurs qu'on ne pouvoit faire que de longtemps l'attaque, en supposant même une nuit favorable au passage des vaisseaux devant la ville, l'entreprise lui parut si hasardeuse qu'il en abandonna le projet. Quoi qu'il en soit, pour diviser les forces de l'ennemi et pour attirer son attention vers le plus haut de la rivière qu'il seroit possible, ainsi que pour acquérir quelques connoissances, le général détacha un corps sous le commandement du colonel Carleton, avec ordre d'aborder à la Pointe-aux-Trembles, d'attaquer tout ce qui s'y trouveroit et d'y faire autant de prisonniers qu'il pourroit et de se saisir de tous les papiers qui pourroient être de quelque utilité. On avoit de plus informé le général que nombre d'habitants de Québec étoient retirés dans cette place, et que nous pourrions y trouver un magasin de provisions.

Au premier abord du colonel, les Indiens firent feu sur lui ; mais bientôt ils furent dispersés et réduits à chercher un asile dans les bois. Le premier soin du colonel fut de faire rechercher des magasins, mais inutilement ; il fit quelques prisonniers et s'en retourna avec très peu de pertes.

Après cette expédition, le général Wolfe revint à Montmorency, où il trouva que le brigadier Townshend avoit, par un feu supérieur, empêché les François de disposer une batterie sur le bord de la rivière, d'où ils avoient intention de canonner notre camp. On forma de nouveau la résolution de saisir le premier instant qui se présenteroit d'attaquer l'ennemi, quoique dans un poste plus avantageux et disposé de toutes parts à nous recevoir.

L'on disoit que l'armée françoise étoit composée de seize mille hommes et qu'ils changeoient de camp en différentes fois.

Comme les vaisseaux de guerre ne pouvoient, faute d'eau, s'approcher assez près des retranchements enne- mis pour entreprendre de les détruire, l'amiral à la fin prépara deux transports tirant peu d'eau, espérant que quelque occasion favorable pourroit les conduire vers la terre et faciliter une descente. Par le secours de ces petits vaisseaux, que le flux seul pouvoit porter vers le rivage, le général se proposoit de se rendre maître d'une redoute détachée près du bord de l'eau et dont la situation paroissoit être à l'abri du mousquet des retran- chements de la hauteur. S'il arrivoit que l'ennemi voulût secourir cette petite pièce, il en résulteroit nécessairement un engagement, ce que le général dési- roit, et, s'il s'en rendoit maître sans trouver de résis- tance, il comptoit profiter de cette situation pour découvrir le camp ennemi et déterminer en conséquence par où il seroit à propos de donner l'attaque.

Au milieu de la nuit du 28, l'ennemi envoya près de cent radeaux qui n'eurent pas plus de succès que les brûlots.

Le 31 juillet, dans l'après-midi, les bateaux de la flotte furent remplis de grenadiers et d'une partie de la bri- gade de Monckton de la Pointe-de-Lévis. Les deux brigades, sous leurs chefs, Townshend et Murray, eurent ordre de se préparer aussitôt qu'on le jugeroit nécessaire. Pour faciliter le passage de ce corps, l'amiral avoit placé le

Centurion dans le chenal (de l'Ile d'Orléans), en sorte qu'il pût arrêter le feu de la basse batterie qui défendoit le gué. Ce vaisseau fut d'un très grand usage par l'adresse avec laquelle on dirigea son feu. On plaça sur l'éminence une grande quantité d'artillerie de manière à pouvoir battre et détruire jusqu'au moindre retranchement. Il ordonna aussi de faire remonter en pleine eau deux nacelles qu'il avoit armées pour ce dessein, contre deux petites batteries et deux redoutes où nos troupes devoient débarquer.

Du petit vaisseau qui aborda le plus près de la terre, le général observa que la redoute étoit trop bien défendue pour être prise sans une grande perte, d'autant plus qu'on ne pouvoit conduire ces deux vaisseaux armés assez près pour les couvrir l'un et l'autre de leur artillerie, ce que l'on avoit d'abord cru possible. Mais, comme l'ennemi sembloit en confusion et que nous étions disposés à une action, le général jugea à propos d'attaquer leurs retranchements. On envoya sur-le-champ ordre aux brigadiers généraux de se tenir prêts avec les corps qu'ils commandoient : au brigadier Monckton d'aborder la terre et aux brigadiers Townshend et Murray de passer le gué. A l'heure même de la marée le signal fut donné ; mais plusieurs bateaux en évitant le rivage, s'engravèrent dans un bord qui s'avance à une très grande distance. Cet accident causa parmi nous quelque désordre et nous fit perdre un temps très considérable, et obligea le général d'envoyer un officier arrêter la marche du brigadier Townshend, qui étoit alors en mouvement. Tandis que les matelots s'occupoient à dégraver les petits bateaux, l'ennemi fit une décharge

de son artillerie qui ne nous fit heureusement que très
peu de mal. , Aussitôt que nous fûmes assez revenus
de notre désordre pour pouvoir nous ranger un peu sur
la droite et que les bateaux furent rangés d'une manière
convenable, quelques officiers allèrent avec le général
à la découverte de quelques places favorables au débarquement. Nous prîmes avec nous un bateau plat à
fond de cuve pour faire les épreuves, et, aussitôt que
nous eûmes trouvé une position plus accessible, le
général ordonna aux troupes de débarquer, croyant qu'il
n'étoit pas trop tard pour donner l'attaque.

Les premiers qui débarquèrent furent les treize compagnies de grenadiers et deux cents hommes du second
bataillon de Royal - Américain. On ordonna aux
grenadiers de former quatre corps séparés et de commencer l'attaque, supportés par le corps du brigadier
Monckton, aussitôt que les troupes auroient passé
le gué et seroient à même de les secourir. Mais les
grenadiers, excités par le bruit qu'ils firent en débarquant, soit par empressement ou par quelque autre
cause, au lieu de former quatre bataillons, comme on le
leur avoit ordonné, fondirent tout en désordre et en
confusion sur les retranchements ennemis, sans attendre
les corps qui devoient les secourir et les joindre dans
l'attaque.

Le brigadier Monckton n'étoit pas encore à bord, et
le brigadier Townshend étoit encore fort éloigné, quoiqu'il précipitât sa marche en grand ordre. Les grenadiers
furent arrêtés par le feu de l'ennemi et obligés de se
réfugier aux environs ou dans la redoute que les
François abandonnèrent à leur approche. Ils restèrent

quelque temps dans cette situation, étant hors d'état de supporter un feu si violent. Ils eurent plusieurs braves officiers de blessés, qui prenoient très peu de soin de leur personne et étoient restés courageusement constamment dans leurs postes. Le général s'aperçut de la situation malheureuse où ils étoient réduits, les rappela en retraite, comptant toujours qu'ils pourroient reprendre leur rang et former leurs bataillons à l'aide du corps du brigadier Monckton, qui ne faisoit que de débarquer et qui s'avançoit de la Pointe en très bon ordre.

La nuit suivit de près ce nouvel accident et ce second délai. Il s'éleva une tempête soudaine et le flux commença. Le général crut qu'il n'étoit pas à propos de persévérer dans une attaque si difficile, étant d'ailleurs incertain de la retraite du corps du brigadier Townshend en cas de désavantage.

Notre artillerie fit un très grand effet sur l'ennemi que les brigades de Townshend et Murray attaquèrent, et il est probable que, si cet accident n'étoit pas survenu, nous n'eussions jamais pu rentrer, tandis que notre gauche et le centre, plus éloignés de notre artillerie, auroient supporté toute la violence du feu de l'ennemi.

Les François ne tentèrent pas seulement d'arrêter notre marche. Quelques-uns de leurs sauvages vinrent égorger les blessés et leur faire la chevelure, comme c'est leur coutume.

L'amiral, pour empêcher les deux frégates qui étoient à sec sur le rivage de tomber entre les mains de l'ennemi, fit sortir l'équipage et ordonna qu'on y mît le feu, ce qui fut fait sur-le-champ. L'endroit où l'on

avoit déterminé de faire l'attaque avoit sur tous ceux
des environs les avantages suivants : nous pouvions
faire usage de notre artillerie ; la plus grande partie,
et même toutes nos troupes pouvoient agir à la fois, et
la retraite, en cas de désavantage, étoit assurée au
moins pour un certain temps du reflux. Dans aucun
autre lieu on ne pouvoit trouver aucun de ces avantages. L'ennemi étoit posté sur une éminence avantageuse ; la pointe où nos troupes étoient descendues étoit
couverte de creux remplis de bourbe fort épaisse, la
montagne fort escarpée et n'étant pas praticable partout,
l'ennemi nombreux dans leur retranchement et leur
feu très violent. Si l'attaque eût réussi, notre perte
eût été certainement très considérable, vu les bois voisins
qui les mettoient à couvert. Il falloit encore passer la
rivière Saint-Charles avant qu'on pût investir la ville.
Le général avoit considéré toutes ces circonstances ;
mais le désir qu'il avoit de se conformer aux intentions
du Roi lui fit courir tout risque, persuadé qu'une armée
victorieuse ne trouvoit jamais de difficultés.

Immédiatement après cet échec, le général envoya
le brigadier Murray au delà de la ville avec vingt
bateaux plats à fond de cuve, montés de douze cents
hommes. Il alloit secourir le contre-amiral Holmes
qui avoit été renforcé par les chaloupes *Lowestoff* et le
Chasseur, avec deux chaloupes armées et deux frégates,
pour la destruction des vaisseaux françois, et, en cas
de réussite, pour ouvrir une communication avec le
général Amherst. Le brigadier épia toutes les occasions favorables de combattre tous les détachements
ennemis, cherchant tous les moyens possibles pour les

provoquer au combat. Il fit deux tentatives différentes pour aborder au rivage septentrional, mais sans
aucun succès. Mais la troisième fut plus heureuse : il
débarqua à Deschambault ; il y brûla un magasin où
étoient quantité de provisions, de munitions, d'habits,
d'armes, en un mot tout le bagage de l'armée. Les
prisonniers qu'il fit l'informèrent de la reddition du
fort de Niagara et nous découvrirent, par des lettres
interceptées, que l'ennemi avoit abandonné la pointe
de Carillon et de la Couronne *, qu'il s'étoit retiré à
l'Ile-aux-Noix et que le général Amherst s'étoit préparé
à passer le lac Champlain pour tomber sur le corps de
M. de Bourlamaque, composé de trois bataillons d'infanterie et de plusieurs Canadiens, qui formoient en
tout trois mille hommes.

Dans la nuit du 28 juillet, l'amiral avoit envoyé au
delà de la ville le *Cheval-Marin*, deux chaloupes armées
et deux frégates chargées de provisions pour joindre
l'amiral Holmes.

Le général Wolfe fut attaqué de la fièvre. Au bout
de dix jours, il se trouva si foible et si malade qu'il con-
voqua les officiers généraux pour consulter avec eux
sur l'utilité publique. Ils opinèrent tous, comme ils
avoient des vaisseaux et des provisions au delà de la
ville, de faire passer un corps de quatre à cinq mille
hommes, toute la force qui leur restoit de surplus de ce
qu'ils avoient laissé pour la défense de la Pointe-de-
Lévis et de l'Ile-d'Orléans, afin d'essayer de tirer l'en-

---

* Crown-Point, Saint-Frédéric des Français.

nemi de la situation où il étoit et l'engager dans une action ; à quoi le général consentit.

L'amiral Saunders et le général Wolfe examinèrent la ville dans le dessein de donner un assaut général ; mais, nous consultant après avec M. Mackellar, ingénieur en chef, qui en connoissoit parfaitement toutes les parties intérieures, après avoir considéré tout avec la plus grande attention, nous trouvâmes que quoique les batteries de la Ville-Basse pussent être aisément détruites par les vaisseaux de guerre, l'affaire d'un assaut ne procureroit qu'un bien foible avantage, puisque le peu de passages qui conduisoient de la Basse-Ville à la Haute étoient retranchés avec le dernier soin et que les hautes batteries n'avoient rien à craindre de nos vaisseaux, au lieu que nous avions tout à craindre d'elles et de leurs mortiers. Tous opinèrent que cette affaire promettoit si peu de succès et étoit d'ailleurs si dangereuse qu'on ne devoit point en courir les risques.

A la force extraordinaire et naturelle du pays, l'ennemi avoit encore ajouté pour la défense de la rivière grand nombre de batteries flottantes et de bateaux. Il veilloit avec tant d'exactitude, ainsi que les Indiens, à tous nos différents postes qu'il nous étoit impossible de rien faire par surprise, nous avions presque tous les jours des escarmouches avec ses sauvages dans lesquelles nous les battions toujours, mais non sans pertes de notre côté. On détermina enfin de porter les opérations au delà de la ville, et l'amiral, dans la nuit du 4, envoya tous les bateaux plats au-dessus de la ville ; le 5 et le 6, il se mit en marche avec les forces de la Pointe-de-

Lévis et les embarqua dans les transports qui avoient passé la ville dans ce dessein.

Le 7, le 8 et le 9 août, l'amiral Holmes, au haut de la rivière, fit faire un mouvement aux vaisseaux dans le dessein d'amuser l'ennemi alors posté sur le rivage septentrional ; mais les transports et autres, extrêmement pressés et le temps fort mauvais, le général jugea à propos de détourner la moitié de ses troupes dans les villages de la côte du Sud, où ils se rafraîchirent et se rembarquèrent.

Le 13 août au matin, l'infanterie légère commandée par lord Howe, les régiments de Bragg, de Kennedy, de Lascelles et d'Anstruther, avec un détachement de montagnards et de grenadiers américains, le tout sous le commandement des brigadiers Monckton et Murray, entrèrent dans de petits bateaux, et, après quelques mouvements que l'amiral Holmes fit faire à ses vaisseaux pour attirer l'attention de l'ennemi, ils descendirent avec la marée et débarquèrent au rivage septentrional à une lieue du Cap-Diamant, une heure avant la pointe du jour. La rapidité de la marée les porta [dans une anse] un peu plus éloignée que celle qui étoit désignée pour donner l'attaque, ce qui obligea l'infanterie légère de franchir un précipice de bois pour assurer le débarquement des troupes, en chassant un capitaine qui défendoit ce foible retranchement, par où les troupes devoient passer. Après un feu assez foible l'infanterie légère gagna le haut du précipice et dispersa le poste du capitaine. Par ces moyens, les troupes, après une perte médiocre que leur firent souffrir quelques Canadiens dans le bois, gagnèrent le dessus et se trouvèrent immédiatement rassemblées. Les bateaux, à mesure qu'ils étoient vides, étoient renvoyés pour un second embarquement que le général Townshend fit faire sur-le-champ. Le brigadier Murray, que l'on avoit détaché avec un bataillon d'Anstruther pour attaquer une batterie de quatre canons sur la gauche, fut rappelé par le général qui s'aperçut que l'armée françoise traversoit la rivière Saint-Charles. Sur cela le général Wolfe commença à former la ligne, ayant sa droite couverte par les grenadiers de Louisbourg. Il y fit mettre de plus ensuite ceux d'Otway. A sa gauche étoient les grenadiers de Bragg, de Kennedy, de Lascelles, les montagnards et les Anstruthers. Le brigadier Monckton commandoit la droite de son armée et le brigadier Murray la gauche; son contre-amiral et sa gauche étoient protégés par l'infanterie légère du colonel Howe qui étoit revenue de la batterie de quatre canons ci-dessus mentionnée, qu'on lui avoit abandonnée sans presque aucune résistance. Le général de Montcalm ayant ramassé toutes ses forces du côté de Beauport, s'avança et fit apercevoir l'intention qu'il avoit de flanquer notre gauche,où le général Townshend venoit de se rendre avec le bataillon du général Amherst qu'il avoit fait former en potence. Il fut bientôt renforcé par deux bataillons de Royal-Américain, et le général forma de ceux de Webb un corps de réserve qui fut mis sous divisions, mettant entre eux de grands intervalles. L'ennemi borda le front des buissons avec quinze cents Canadiens et sauvages qui firent sur toute notre première ligne un feu fort incommode quoique irrégulier. Nous supportâmes ce feu avec beaucoup de courage et sans abandonner nos rangs. Nous réservâmes notre feu pour le gros de l'armée qui s'avançoit. Au reste le feu de l'ennemi fut arrêté par le front de notre armée à l'abri de laquelle nous formions nos lignes. La droite de l'ennemi étoit composée de la moitié des troupes de la colonie, des bataillons de la Sarre, de Languedoc et du reste de leurs Canadiens et sauvages. Leur centre étoit une colonne formée par les bataillons de Béarn et de Guyenne. Leur gauche étoit composée du reste des troupes de la colonie et du bataillon de Royal-Roussillon. Ils avoient avec eux deux petites pièces d'artillerie. Nous ne pûmes avoir qu'un canon qui nous servit merveilleusement bien et incommoda beaucoup leurs colonnes.

Les François commencèrent leurs charges environ vers les neuf heures et avancèrent vigoureusement et pour quelque temps en bon ordre. Le front de leur armée commença à faire feu avant d'être à notre portée ; il continua immédiatement par toutes leurs lignes ; mais enfin, en avançant, ils commencèrent à chanceler. A peine les vîmes-nous à cent verges loin de nous que nos troupes marchèrent à leur rencontre sans interrompre l'ordre qui y régnoit, et continuant un feu très violent que nous ne commençâmes que lorsque nous fûmes à quarante verges près d'eux. Ce fut alors que le brave général Wolfe tomba à la tête des grenadiers de Bragg et de Louisbourg baïonnette au bout du fusil. Ce fut environ en même temps que le général Monckton reçut une blessure à la tête des brigades de Lascelles ; dans le sein droit, une balle vint traverser une partie

14

de ses poumons, lui cassa l'os de l'épaule, précisément
dans l'instant que les François ployoient, ce qui l'obligea de quitter le champ de bataille. Dans le front des
bataillons opposés tomba aussi M. de Montcalm et
le second commandant après lui, qui mourut de ses
blessures à bord de notre flotte. A peine l'armée
françoise se vit-elle environnée à vingt ou trente verges
de nos troupes qu'elle tourna presque dans le même
instant à droite et à gauche. On la poursuivit au
milieu du feu de mousqueterie, et à peine osa-t-elle
regarder derrière elle avant qu'elle eût atteint ses
retranchements. Uné partie de l'armée feignit une
seconde attaque ; l'autre partie s'enfonça dans un bois
feignant de faire tête. Dans cet instant chaque corps
suivit les mouvements qu'excitoient en eux leurs différents caractères. Les grenadiers de Louisbourg, de
Bragg et de Lascelles les poursuivirent baïonnette au
bout du fusil ; le brigadier Murray à la tête de ses
troupes s'avançant vigoureusement ferma la route de
ce bois. Les montagnards supportés par les Anstruthers
fondirent l'épée à la main une partie dans la ville et
l'autre partie sur les ouvrages du pont de la rivière
Saint-Charles. L'action à notre gauche, où étoit notre
contre-amiral, ne fut pas si terrible, quoique quelques
corps irréguliers aient donné quelques attaques sur le
flanc gauche pendant l'action ; mais ils furent repoussés.
Les maisons dans lesquelles ils s'étoient jetés furent
prises. Le colonel Howe se porta avec deux compagnies
derrière une petite hauteur et tomboit fréquemment sur le
flanc de l'ennemi durant leur attaque, tandis que le géné-

ral Townshend faisoit avancer contre le front de ce corps quelques détachements, ce qui empêcha à l'aile droite d'exécuter leurs premières intentions. Avant tout ceci, on avoit des bataillons de Royal-Américain pour garder notre communication avec nos bateaux, et l'autre fut envoyé pour occuper la place que le mouvement du brigadier Murray avoit laissé ouverte. Le général Townshend resta avec Amherst pour soutenir cette disposition et pour garder la droite de l'ennemi et la droite de leurs sauvages qui tournoient encore autour de notre contre-amiral, à l'opposite des postes de notre infanterie légère, n'attendant que l'occasion de tomber sur lui.

Dans cette situation de la bataille, le brigadier général Townshend fut chargé du commandement. Il se retira immédiatement vers le centre, et, trouvant que la poursuite avoit mis en désordre une partie des troupes, il les rassembla le plus promptement qu'il lui fut possible. Il finissoit à peine que l'on vit paroître M. de Bougainville à la tête des troupes du Cap-Rouge, formant environ deux mille hommes, en présence de notre contre-amiral. Le général avança contre lui deux pièces de canons et deux bataillons, ce qui l'obligea de se retirer. Nous prîmes sur le champ de bataille une pièce de canon et nous fîmes prisonniers grand nombre d'officiers françois. Leurs pertes se montent à environ quinze cents hommes.

Il y a eu quelques escarmouches devant l'action, tandis qu'on se disposoit d'un et d'autre côté. Après l'action il y eut une escarmouche assez considérable dont la fin nous rendit maîtres du champ de bataille.

Liste des morts, blessés et perdus

	Morts.	Blessés.	Perdus.
Officiers	9	52	...
Sergents	3	25	...
Tambours	...	4	...
Soldats	45	506	3
Totaux..	57	587	3

ARTILLERIE

	Morts.	Blessés.	Perdus.
Ingénieurs	...	1	...
Canonniers	1	1	...
Bombardiers.	...	1	...
Sapeurs	...	5	...
Totaux..	1	8	...

Le 14, le 15 et le 16 septembre, le général Townshend employa l'armée à mettre le camp hors de toute insulte. Il fit faire un chemin au haut du précipice pour notre canon ; il fit conduire l'artillerie, disposer les batteries et couper toute communication avec le pays.

Le 17, l'après-midi, avant que nous n'eussions aucune batterie de disposée, ne pouvant même en avoir avant deux ou trois jours, parut un pavillon de trêve nous proposant capitulation ; le général Townshend le renvoya à la ville, ne lui accordant que quatre heures pour capituler, après lesquelles il ne recevroit plus de traité.

L'amiral, pendant ce temps, fit avancer les vaisseaux comme étant dans l'intention d'attaquer la ville.

L'officier françois revint la nuit avec des termes de capitulation que reçurent le général et l'amiral après les avoir considérés. *(A la suite, viennent les articles de la capitulation de Québec que nous ne reproduisons pas : ils se trouvent à la fin du Journal de Lévis p. 316).*

Le 18, à huit heures du matin, on signa les articles ci-dessus. Le soir, l'armée s'empara du rivage et envoya des sauvegardes dans la ville pour maintenir l'ordre et prévenir le pillage. Le capitaine Palifer, avec un corps de marine, débarqua dans la Basse-Ville.

Le jour suivant, notre armée fit son entrée, et on embarqua sur des vaisseaux anglois environ mille François, tant officiers que soldats et matelots, pour les conduire en France, ainsi qu'il étoit spécifié dans l'article premier de la capitulation.

Dénombrement des canons, etc., trouvés dans Québec après sa prise par les troupes de Sa Majesté britannique, savoir :

	6 livres	1
Canons de cuivre	4 "	3
	2 "	2
	36 "	10
	24 "	45
	18 "	18
	12 "	13
Canons de fer.....	8 "	43
	6 "	66
	4 "	30
	3 "	7
	2 "	3

Mortiers de cuivre, 13 pouces 1
"   *howitz*,   8   "   3

Mortiers de fer... { 13   "   9
                     10   "   1
                      8   "   3
                      7   "   .. .. 2 }

Shells .... { 13   " 770
                       10   " 150
                        8 } "   90
                        6 }

Pétards de cuivre   2

Avec une quantité considérable de poudre, balles, menues armes, outils à l'usage des retranchements, etc., dont on ne peut assurer le nombre.

On trouva aussi trente-sept canons et un mortier du général Braddock parmi différentes batteries de la côte de Beauport, entre la Chute-de-Montmorency et la rivière Saint-Charles.

RELATION

DE LA CAMPAGNE DE M. LE CHEVALIER DE LA CORNE
A CHOUAGUEN, EN 1759 *

M. le chevalier de La Corne est parti de la Pointe-
au-Baril le 29 juin.

Son détachement s'est trouvé composé, M. de Corbière
ayant joint, de :

21	officiers,
240	soldats,
820	miliciens,
71	Iroquois,
19	Loups,
15	Mississagués,
5	Hurons,
Total........ 1191	hommes.

Le 4 juillet. — A onze heures du soir, nous avons fait
notre débarquement dans l'anse où M. le marquis de

---

* Voir la notice de M. de La Corne dans les *Lettres de
divers particuliers*, p. 201. Cette relation n'est pas signée.

Montcalm a descendu son artillerie. Les différentes découvertes qui s'étoient faites nous avoient instruits que l'ennemi étoit à Chouaguen, qu'il s'y retranchoit.

Le 5 juillet. — A la pointe du jour, on se mit en marche pour attaquer.

Les troupes et les Canadiens formoient neuf piquets. On en fit autant de colonnes afin de faire plusieurs attaques.

On étoit proche de la lisière du bois, lorsque les sauvages qui étoient en avant, avertirent qu'il y avoit des travailleurs à couper du bois à peu de distance de nous.

Il fut décidé que soixante hommes, François et sauvages, iroient les prendre. Comme on se disposoit pour cette opération, les Canadiens qui étoient à la gauche eurent une vision et se mirent à crier : " Sauve ! Nous sommes cernés ". On rallia cependant ces fuyards ; mais cette déroute nous avoit fait découvrir. Les Anglois s'étoient jetés dans le retranchement. M. de La Corne s'avança pour le reconnoître ; il y envoya à son retour plusieurs officiers.

La fortification est un redan ; elle est située où gisoit le fort Ontario. Sur la gauche est une petite redoute qui a communication avec le retranchement, lequel est grand ; ce qui a fait présumer que les Anglois étoient nombreux ou que l'armée étoit passée pour Niagara. M. de La Corne demanda l'avis des officiers sur ce que l'on pourroit faire. La majeure partie fut de celui de la retraite, puisque nous avions perdu l'avantage de la surprise et la confiance que l'on avoit aux Canadiens.

Ce sentiment fut suivi et on regagna les bateaux.

Après-midi, les sauvages et quelques soldats allèrent faire le coup de fusil pour interrompre les travailleurs qui étoient sur le retranchement. Les Anglois y répondirent. Cela dura jusqu'à la nuit. Il y eut un soldat blessé mortellement.

Les sauvages, animés, proposèrent d'aller le lendemain briser cinquante berges qui étoient à quelque distance du retranchement ; ils demandèrent quatre-vingts soldats et M. de Lorimier le cadet ; tout leur fut accordé.

Le 6 juillet. — M. de La Corne se disposa, à la pointe du jour, à investir les Anglois dans leur retranchement afin de faciliter la besogne des berges.

On défila avec autant d'ordre qu'il fut possible ; la moitié de notre monde n'avoit pas encore pris poste que les Canadiens se mirent à tirer sur les retranchements à plus de deux portées de fusil. Les Anglois commencèrent alors un feu de rempart bien nourri. On pouvoit juger qu'ils étoient huit cents hommes. On avança avec assez de désordre jusqu'à la portée du fusil.

Le détachement désigné pour briser les berges se replia sur nous ; le feu de l'ennemi les avoient maltraités beaucoup.

On a cassé ou coupé quatre berges.

Les Anglois n'ont point fait de sortie.

Cette fusillade a duré une heure ; après quoi, nous nous sommes retirés dans le chemin de l'artillerie, d'où on a fait de petits détachements pour retirer les morts et les blessés. Cela fait, nous avons été à nos bateaux.

A dix heures, nous avons fait route pour revenir à notre poste.

Nous avons eu dix hommes de tués, dont M. Hertel, officier, est du nombre. M. Benoit a reçu un coup de feu dans la cuisse. M. Carpentier a eu la lèvre supérieure offensée d'un coup de fusil d'un Canadien qui étoit proche de lui. Vingt blessés, soldats et Canadiens, quatre soldats désertés.

RELATION

DE L'EXPÉDITION DE QUÉBEC AUX ORDRES DE M. LE CHEVALIER
DE LÉVIS, MARÉCHAL DES CAMPS ET ARMÉES
DU ROI, EN 1760 *

Le défaut de vivres avoit empêché, à la fin de la
campagne dernière, de cantonner les troupes aux environs de Québec pour bloquer la garnison angloise
pendant l'hiver et la mettre hors d'état de tirer des
paroisses voisines les bois de chauffage et rafraîchissements nécessaires. On avoit été obligé de mettre les
troupes en quartiers à la fin de novembre pour trouver
les moyens de les faire subsister, et le chevalier de
Lévis, en quittant la frontière du gouvernement de
Québec, s'étoit borné à établir un corps de quatre cents
hommes dans la paroisse de la Pointe-aux-Trembles, à
sept lieues de Québec, aux ordres du sieur de Repentigny, capitaine des troupes de la colonie. Cet officier
tenoit des postes avancés jusqu'à Saint-Augustin, une
lieue plus haut que la rivière du Cap-Rouge, sur laquelle
il faisoit faire de fréquentes découvertes. Cette rivière,
distante de Québec de trois lieues, a été pendant l'hiver

---

* Cette relation n'est pas signée.

notre limite avec la garnison angloise. Le grand chemin de la Pointe-aux-Trembles à Québec la traverse à son embouchure ; une lieue plus haut, elle a des ponts où aboutit un autre chemin éloigné du fleuve.

Un fort construit à la fin de la campagne à l'embouchure de la rivière de Jacques-Cartier, à dix lieues de Québec, servoit de retraite et de point d'appui aux troupes de la Pointe-aux-Trembles et couvroit la colonie des entreprises que la garnison angloise auroit pu faire. Le marquis de Vaudreuil donna au sieur Dumas, major et inspecteur des troupes du pays, le commandement de ce fort et celui de toute la frontière pendant l'hiver.

Le brigadier général Murray, gouverneur de Québec, détacha de son côté cent cinquante hommes dans l'église de Sainte-Foye, à une lieue et demie de Québec, sur le grand chemin qui mène à la Pointe-aux-Trembles. Il établit pareil détachement à l'église de la Vieille-Lorette, qui est à une lieue de la première en s'éloignant du fleuve et sur le chemin qui passe en haut de la rivière du Cap-Rouge. Ces deux églises furent retranchées et palissadées.

Du côté du lac Champlain, l'armée que commandoit le major général Amherst, s'étant repliée le 26 novembre, avoit laissé une garnison considérable à Saint-Frédéric, où elle avoit bâti depuis le mois d'août une forteresse bien plus grande que celle que nous avions précédemment. Il avoit aussi laissé des garnisons à Carillon, au fort Georges, au fort Lydius et dans ceux de la rivière d'Orange. De notre côté, le sieur de Bourlamaque, brigadier, en repliant les troupes de cette frontière, le 28 novembre, eut ordre de laisser trois cents hommes de garnison commandés par le sieur de Lusignan, capitaine des troupes de la colonie, dans un fort de pieux construit à la fin de la campagne au milieu des retranchements de l'Ile-aux-Noix. Le fort Saint-Jean, cinq lieues en arrière, fut gardé par deux cents hommes aux ordres du sieur de Valette, capitaine de Royal-Roussillon. Le sieur de Roquemaure, lieutenant-colonel commandant le bataillon de la Reine, dont le quartier étoit au fort Chambly, eut le commandement supérieur de cette frontière pendant l'hiver.

Vers le lac Ontario, le sieur Desandrouins fut laissé avec deux cents hommes dans un fort que le chevalier de Lévis avoit fait construire au mois de septembre sur une des îles des Rapides et auquel on avoit donné son nom.

L'armée angloise que commandoit le brigadier Gage depuis la prise de Niagara, avoit quitté le camp de Chouaguen de très bonne heure et avoit laissé une garnison dans un fort qu'elle venoit d'y construire et un dans celui de Niagara.

Telle étoit la situation de la colonie au 1er décembre. Toutes les subsistances, épuisées par une campagne très longue, laissoient à peine le moyen de fournir journellement les vivres aux garnisons médiocres qui couvroient le pays. Il falloit attendre, pour faire de nouveaux approvisionnements, que les habitants eussent battu les grains de la récolte dernière.

Le marquis de Vaudreuil, de concert avec le chevalier de Lévis, prit la résolution de faire le siège de Québec au printemps. Il crut dans cette vue devoir

fatiguer la garnison angloise pendant l'hiver par de
fausses alarmes, et, à cet effet, fit tous les préparatifs
d'une expédition d'hiver. On fabriqua des échelles à
Jacques-Cartier ; on donna ordre aux troupes d'être
prêtes à marcher ; les sieurs de Bougainville, colonel,
et de Bourlamaque, brigadier, furent envoyés successivement sur la frontière pour donner de l'inquiétude au
gouverneur anglois, lequel en effet fit faire à ses troupes
le service le plus rigoureux et les tint excessivement
alertes.

Vers la fin de janvier, le marquis de Vaudreuil,
sachant que les paroisses qui sont sur la rive méridionale du fleuve Saint-Laurent, au-dessous de Québec,
depuis la Pointe-de-Lévis jusqu'au Cap-Mouraska
n'étoient pas entièrement dépourvues de grains et de
bestiaux, résolut d'en tirer des subsistances. Il détacha
le sieur de Saint-Martin, capitaine des troupes de la
colonie, avec deux cents hommes, pour aller prendre
poste à la Pointe-de-Lévis, vis-à-vis Québec, et assurer
le passage des convois qui devoient suivre la côte du
fleuve par terre jusque vis-à-vis la Pointe-aux-Trembles ;
mais le fleuve s'étant glacé au moment de son arrivée,
forma entre la ville et la Pointe-de-Lévis un pont très
solide, sur lequel le gouverneur anglois fit passer un
détachement très supérieur qui obligea le sieur de Saint-
Martin à se retirer. Les Anglois aussitôt envoyèrent
dans les paroisses enlever les vivres qui nous étoient
destinés, et prirent poste à l'église de la Pointe-de-
Lévis.

Le détachement du sieur de Saint-Martin ayant été

augmenté jusqu'au nombre de sept cents hommes, cet
officier eut ordre d'aller se rétablir à la Pointe-de-Lévis ;
mais trois mille Anglois ayant passé le fleuve à la
Pointe-de-Lévis avec du canon, il fut encore obligé de
se replier avec perte de trente hommes. Le sieur de
Bourlamaque, arrivé à la Pointe-aux-Trembles le lendemain de cet événement, jugea que le projet de faire
passer les vivres étoit impossible à exécuter. Il se
borna à envoyer dans les paroisses que les Anglois
n'avoient point épuisées cent cinquante hommes aux
ordres du sieur Hertel, officier des troupes de la colonie,
pour empêcher les Anglois de pousser plus loin et conserver les vivres jusqu'au temps où les troupes seroient
devant Québec.

Le reste de l'hiver fut passé en différentes alertes que
le bruit d'une expédition sur les glaces a données à la
garnison angloise et en quelques sorties qu'elle a faites
sur nos postes avancés, dans l'une desquelles nous
avons perdu quatre-vingts hommes. Les autres frontières furent tranquilles.

Ce ne fut qu'avec des peines incroyables que l'on put
mettre les troupes en état de faire la campagne. La
colonie, absolument épuisée, manquoit non seulement
de vivres, mais aussi de tout ce qui étoit nécessaire
pour équiper et faire camper les troupes. Il ne fallut
pas moins que l'activité et les ressources du sieur Bigot,
intendant, pour trouver les moyens de fournir à des
besoins si essentiels.

On travailla dès les premiers jours de mars à faire, à
la Pointe-aux-Trembles et dans les paroisses voisines,

les fascines, les gabions et les madriers nécessaires pour le siège.

Au commencement d'avril, le marquis de Vaudreuil détacha le sieur de Bougainville pour aller à l'Ile-aux-Noix prendre le commandement de cette frontière, sur laquelle on craignoit que les ennemis ne fissent des mouvements, s'ils étoient instruits de celui que nous projetions.

Cet officier réunit la garnison de Saint-Jean à celle de l'Ile-aux-Noix, et l'on donna les ordres nécessaires pour qu'il reçût un secours considérable de milices dès qu'il auroit nouvelle de l'approche des ennemis. Le sieur Desandrouins fut rappelé du fort Lévis et remplacé par le sieur Pouchot, capitaine de Béarn.

Le chevalier de Lévis eut le commandement des troupes destinées au siège de Québec. Le marquis de Vaudreuil lui confia cette expédition, obligé de rester lui-même à Montréal, où sa présence étoit nécessaire pour faire passer sur les différentes frontières les secours dont elles pourroient avoir besoin.

Le 20 avril, les troupes partirent de leurs quartiers. Elles consistoient en huit bataillons de troupes de terre et en deux bataillons des troupes de la colonie, formant en tout cinq brigades et environ trois mille Canadiens, tant de la ville de Montréal que des campagnes. Les premiers formoient un bataillon séparé destiné à être la réserve, et les autres furent attachés aux brigades des troupes réglées.

L'*Atalante* et la *Pomone*, frégates du Roi, commandées par les sieurs Vauquelin et Sauvage, eurent ordre de descendre le fleuve à hauteur de l'armée. Elles avoient sous leur escorte deux flûtes et plusieurs goélettes chargées d'artillerie, de vivres et de fascines.

La plupart des rivières étant encore glacées, les troupes ne purent arriver que le 24 à la Pointe-aux-Trembles, où étoit le rendez-vous de la petite armée. Elles furent même obligées d'y débarquer sur les glaces qui n'avoient encore laissé de libre que le milieu du fleuve.

M. le chevalier de Lévis y apprit que les Anglois continuoient d'occuper les églises de la Vieille-Lorette et de Sainte-Foye, qu'ils se retranchoient sur la rivière du Cap-Rouge, dont les bords fort escarpés du côté de l'ennemi lui donnoient le moyen de défendre avec avantage le grand chemin de la Pointe-aux-Trembles à Québec, qui traverse cette rivière à son embouchure. Il apprit aussi que les habitants de Québec en avoient été chassés depuis deux jours, que ceux de la partie de Sainte-Foye qui avoisine le Cap-Rouge avoient aussi été mis hors de chez eux, que les Anglois créneloient leurs maisons et y faisoient conduire quelque artillerie.

Ces nouvelles firent connoître au chevalier de Lévis que les Anglois avoient été instruits du départ des troupes ; ce qui lui fit abandonner le projet qu'il avoit eu jusqu'alors de débarquer de nuit à Sillery, qui n'est qu'à une lieue et demie de Québec. Cette manœuvre lui auroit donné le moyen de couper les postes de Lorette et de Sainte-Foye ; mais elle devenoit impraticable dès que l'ennemi avoit connoissance de notre mouvement. Il étoit aussi impossible de débarquer

15

dans le bas de la rivière du Cap-Rouge, puisque les Anglois occupoient les hauteurs qui commandent son embouchure.

Il se détermina donc à faire débarquer toutes les troupes à Saint-Augustin, une lieue plus haut que le Cap-Rouge, et à marcher ensuite par sa gauche pour gagner les ponts du haut de la rivière du Cap-Rouge et tourner les ennemis, en suivant le chemin qui passe à l'église de la Vieille-Lorette et de là mène à celle de Sainte-Foye, en traversant des bois et des marais presque impraticables.

Le 25 avril fut employé à rassembler les troupes et à mettre en ordre les Canadiens.

Le 26, dix compagnies de grenadiers, quelques volontaires et trois cents sauvages que commandoit le sieur de Saint-Luc, capitaine des troupes de la colonie, furent détachés pour faire l'avant-garde, aux ordres du sieur de Bourlamaque. Cet officier eut ordre de reconnoître les ponts de la rivière du Cap-Rouge. Les ennemis avoient détruit les deux principaux. Il en fit accommoder deux autres plus haut et passa la rivière avec l'avant-garde.

Le chevalier de Lévis arriva aussitôt avec la tête de l'armée et eut connoissance que les Anglois avoient abandonné l'église de la Vieille-Lorette et négligé de rompre une chaussée de bois qui sert à traverser partie d'un marais très profond qui est entre cette église et celle de Sainte-Foye, et que cette question étoit remise à la nuit prochaine. Il fit partir aussitôt les sauvages pour aller occuper la tête de cette chaussée, et, ayant donné ordre à l'avant-garde de les soutenir, il commença à faire passer l'armée sur les deux ponts. Le sieur de Bourlamaque arriva au commencement de la nuit à l'entrée du marais que les sauvages avoient déjà passé, et, l'ayant passé de suite, malgré un orage affreux, rassembla toute l'avant-garde dans quelques maisons qui sont au delà, n'étant plus séparé de l'ennemi que par un bois d'environ une demi-lieue de profondeur.

Le chevalier de Lévis, ayant poussé au point du jour l'avant-garde jusque sur le bord de ce bois, à la vue de l'ennemi, s'occupa avec le sieur de Bourlamaque à reconnoître leurs positions. Il avoit donné ordre en même temps au reste des troupes qui avoient marché toute la nuit, de traverser le marais et de se former derrière le bois.

A environ deux cents toises de la lisière de ce bois règne presque parallèlement une colline bordée d'habitations, laquelle, d'un côté, va se terminer à la hauteur qui domine l'embouchure de la rivière du Cap-Rouge, et, de l'autre, se prolonge jusqu'à Québec où elle prend le nom de Côte d'Abraham.

A six heures du matin, les Anglois parurent en bataille, au nombre d'environ trois mille hommes, sur le haut de cette colline, en face du chemin par lequel nous marchions, la droite à l'église de Sainte-Foye, plusieurs maisons sur leur gauche et quelques-unes en avant de leur ligne. Ils avoient mis des troupes dans les unes et dans les autres et quelques pièces de canon devant eux. Le bois qui nous couvroit étoit marécageux et impraticable ; nous ne pouvions déboucher que par le grand chemin, et, n'ayant pas assez d'espace entre le bois et les Anglois pour nous former, il n'étoit pas possible de marcher à eux de front sans s'exposer à un combat désavantageux.

Le chevalier de Lévis prit la résolution d'attendre la nuit pour déboucher et se porter sur le flanc gauche de l'ennemi, en marchant par la droite et suivant la lisière du bois jusqu'à ce qu'il eût depassé son front. Cette manœuvre le mettoit en état d'attaquer les Anglois au point du jour avec avantage et de couper les troupes légères qu'ils avoient jetées dans les habitations vers le Cap-Rouge. Il comptoit mener avec lui trois pièces de campagne qui avoient suivi les troupes avec des diffi-cultés incroyables.

La matinée se passa en fusillade et quelques volées de canon que les ennemis tirèrent sur les troupes de l'avant-garde.

A une heure après-midi, les Anglois ayant rassemblé dans l'église de Sainte-Foye tous les vivres, munitions, armes et outils qu'ils avoient apportés pour la défense de cette partie, mirent le feu à l'église et firent leur retraite sur Québec, ayant toujours laissé un corps en bataille pour masquer leur mouvement. Ils abandonnèrent quelques pièces de canon qu'ils ne purent emmener. L'orage, qui avoit duré toute la nuit précédente, avoit retardé de quelques heures la marche des troupes, et fut cause qu'il fut impossible au chevalier de Lévis de déboucher sur l'église de Sainte-Foye au point du jour comme il se l'étoit proposé. Ce contre-temps donna aux Anglois le temps de venir masquer

le grand chemin et de faire passer le détachement qu'ils
avoient vers le Cap-Rouge.

Un autre incident leur avoit donné connoissance
parfaite de notre mouvement. Quelques-unes des
glaces qui bordoient le fleuve, s'étant détachées le 26
au matin, entraînèrent des bateaux d'artillerie ; il y en
eut de submergés. Quelques canonniers y périrent.
Un d'eux fut porté sur un glaçon jusqu'à Québec, et le
gouverneur anglois ayant appris de lui le mouvement
que nous faisions par le marais, fit ses dispositions pour
n'être pas surpris.

Aussitôt que l'on eut connoissance de la retraite des
Anglois, les troupes se mirent en mouvement. L'avant-
garde les suivit de très près. Le sieur de la Rochebeaucour, ayant atteint les dernières troupes à la tête
de cent volontaires à cheval, escarmoucha avec elles
jusqu'à la nuit et y eut un officier et plusieurs volontaires blessés.

Les ennemis firent ferme à la maison de Dumont et
aux hauteurs qui l'avoisinent à environ une demi-lieue
de Québec. Ils y laissèrent un détachement. Le reste
de la garnison rentra dans la ville. Notre avant-garde
occupa la maison en deçà, et les brigades se placèrent
dans la maison suivante jusqu'à l'église de Sainte-Foye,
le chevalier de Lévis ayant jugé indispensable de donner
quelque repos aux troupes après deux jours de marche
très pénible, la terre étant d'ailleurs encore couverte de
neige ou inondée.

Au Canada les habitations de la plupart des paroisses
de la campagne ne sont point réunies comme en Europe.

Elles sont bâties le long des rivières et des grands chemins, à la distance l'une de l'autre de cent jusqu'à trois cents toises. Nul enclos, ni haie, ni bosquet ne les accompagnent ; chaque maison est isolée, n'ayant près d'elle que la grange isolée pareillement. Ainsi, depuis l'église de Sainte-Foye jusqu'aux maisons où étoit l'avant-garde, la petite armée occupoit un espace de cinq quarts de lieue.

Le détachement anglois abandonna pendant la nuit la maison de Dumont et les hauteurs où il s'étoit arrêté la veille et se replia sur la Butte-à-Neveu, à environ deux cent cinquante toises des murs de Québec, que cette butte couvre entièrement. Ils travaillèrent à s'y retrancher. L'avant-garde fut portée dans la maison de Dumont et sur les hauteurs de la Butte-à-Neveu. Ces hauteurs s'abaissent un peu vers la droite et communiquent à des bois clairs qui bordent le fleuve Saint-Laurent dans cette partie. Une redoute touchant au bois appuyoit notre droite et couvroit l'Anse-du-Foulon, où nous devions faire venir les bâtiments chargés de vivres et d'artillerie ainsi que le bagage des troupes.

Le chevalier de Lévis s'étoit déterminé à employer la journée du 28 au débarquement des vivres qui étoient dus, à celui de quelques pièces de campagne qui n'avoient pu venir par terre et au repos des troupes. Il résolut d'attaquer les hauteurs le lendemain et de pousser les Anglois jusque dans la ville. Mais, à huit heures du matin, on les vit sortir de Québec. Ils parurent dans le dessein de marcher à nous et se formèrent en avant des hauteurs qu'ils occupoient, environ au nombre de quatre mille hommes de troupes réglées.

Le chevalier de Lévis, qui étoit depuis le point du jour occupé avec le sieur de Bourlamaque à reconnoître leurs positions, donna aussitôt ordre au chevalier de Montreuil, aide-major général, de faire avancer toutes les troupes. L'avant-garde continua, en attendant, d'occuper la redoute de la droite, les hauteurs du centre et la maison de Dumont, qui est sur le penchant de la côte d'Abraham, et appuyoit la gauche de la ligne que les troupes devoient former.

Les bois clairs qui étoient à notre droite se trouvoient derrière le centre à peu de distance de notre ligne, d'où ils se prolongeoient en se retirant fort en écharpe jusqu'auprès de la maison de Lafontaine, par où les troupes devoient déboucher. Cette maison, située près de l'escarpement de la côte d'Abraham, étoit séparée de celle de Dumont par une plaine de deux cent cinquante toises de longueur.

Les brigades se mettoient en ligne à mesure qu'elles arrivoient, et les trois de la droite étoient déjà formées, lorsque le chevalier de Lévis, voyant que la droite des Anglois s'ébranloit et que leur artillerie commençoit à faire un grand feu, jugea qu'il n'avoit par le temps de mettre sa gauche en état de les recevoir. Il prit le parti de replier ses troupes qui étoient en ligne un peu en arrière et les mettre à l'abri du bois et de faire abandonner la maison de Dumont. Il comptoit mettre sa gauche à la maison de Lafontaine, et dans cette position faire prendre haleine aux troupes et les disposer pour marcher ensuite à l'ennemi.

Mais le courage des troupes ne lui en donna pas le temps. Il avoit laissé à la gauche le sieur de Bourlamaque avec ordre d'exécuter ce mouvement. Cet officier en faisant replier cinq compagnies de grenadiers qui occupoient la maison de Dumont, fut blessé et obligé de se retirer. Les brigades de la gauche ayant été quelques instants sans recevoir d'ordre prirent d'elles-mêmes le parti d'aller joindre les grenadiers et de s'emparer de cette maison qu'ils avoient abandonnée. Elles s'ébranlèrent sous le feu d'artillerie et de mousqueterie le plus meurtrier et sans être formées. Le chevalier de Lévis, qui, des hauteurs du centre, aperçut leur mouvement, jugea qu'il falloit profiter de cette ardeur et courut donner ordre aux brigades de la droite de marcher aux ennemis baïonnette au bout du fusil. Il revint ensuite donner le même ordre à la gauche. La manœuvre de la droite fit plier la gauche des Anglois et seconda parfaitement l'effort de la nôtre, qui malgré le feu de vingt pièces de canon et deux obusiers presque entièrement dirigé sur cette partie, se maintint d'abord à la maison de Dumont, et ensuite à la faveur du mouvement de la droite, poussa les ennemis de front avec elle. Ils furent chassés jusque dans les murs de Québec, perdirent le terrain qu'ils occupoient le matin et toute leur artillerie.

Les sieurs d'Alquier, lieutenant-colonel, commandant la brigade de la Sarre, composée de ce bataillon et de celui de Béarn, et Poulariés, lieutenant-colonel, commandant celle de Royal-Roussillon, composée de ce bataillon et de celui de Guyenne, ont beaucoup contribué à ce succès ; le premier en prenant la résolution de marcher à la maison de Dumont, quoique fort en désordre et ayant été blessé dans ce mouvement ; et le second, en chargeant la gauche de l'ennemi avec beaucoup de valeur et d'intelligence.

La brigade de Berry et celle des troupes de la colonie qui joignoient celle de la Sarre, ont secondé avec le plus grand courage le mouvement décisif de cette brigade. La première étoit aux ordres du sieur de Trivio, lieutenant-colonel qui y fut blessé légèrement, et la seconde aux ordres du sieur Dumas. Le sieur de Trécesson, lieutenant-colonel, commandant le troisième bataillon de Berry, y fut blessé à mort. Le chevalier de La Corne et le sieur de Vassan, commandant chacun un bataillon des troupes de la colonie, s'y sont distingués et furent blessés l'un et l'autre légèrement. Un ordre mal rendu par un officier qui a été tué ensuite, fut cause que la brigade de la Reine, composée de ce bataillon et de celui de Languedoc, n'a pas eu autant de part à cet événement qu'elle auroit dû.

Le bataillon de la ville de Montréal, aux ordres du sieur de Repentigny, a servi avec le même courage que les troupes réglées. On doit le même éloge à la plupart des Canadiens, particulièrement à ceux attachés à la brigade de la Reine. Le sieur de Roquemaure avoit jeté le sieur de Laas, capitaine au régiment de la Reine, qui les commandoit, dans la redoute et dans le bois de la droite. Le feu supérieur des ennemis le déposta pendant quelques instants ; mais il reprit bientôt son terrain et chargea ensuite le flanc gauche de l'ennemi avec succès, étant secondé dans cette manœuvre par le sieur de Saint-Luc, qui n'avoit pu se faire suivre que par un petit nombre de sauvages.

Les trois petites pièces de campagne qui avoient suivi l'armée aux ordres des sieurs de Louvicourt, capitaine, et du Vernys, au corps royal de l'artillerie, n'ont cessé de faire feu sur les troupes angloises pendant la durée de l'action et ont été d'un grand secours.

Notre perte a été considérable, surtout en officiers. Les bataillons de la Sarre et Béarn qui étoient à la gauche, ainsi que ceux de Berry et de la marine, ont été très maltraités.

Les grenadiers ont été réduits à un très petit nombre, principalement les cinq compagnies de la gauche que commandoit le sieur d'Aiguebelle, capitaine de ceux de Languedoc, étant restés exposés au plus grand feu en attendant l'arrivée des troupes.

Le chevalier de Lévis a été assez heureux pour n'être point blessé, quoiqu'il ait été pendant tout le temps de l'action à cheval entre le feu des ennemis et celui de nos troupes. Il a été très bien aidé dans les mouvements qu'il leur a fait faire par le chevalier de Montreuil, aide-major général, qui s'est extrêmement distingué dans cette action. Le sieur de Lapause, aide-major au régiment de Guyenne, faisant fonction d'aide-maréchal des logis de l'armée, y a servi très utilement.

La perte des ennemis, malgré l'avantage de leur situation et celui de leur artillerie, a été plus considérable que la nôtre. Nous lui avons pris vingt pièces de canon, deux obusiers et grand nombre d'outils.

Il paroît que, venant se former derrière les hauteurs qu'ils occupoient, leur projet n'étoit que de travailler, à couvert de leur ligne et de leur canon, à se retrancher sur les hauteurs qui sont devant Québec, pour nous éloigner du corps de la place. Mais, lorsqu'ils virent les grenadiers et les premières brigades se replier de quelques pas, ils prirent pour involontaire ce mouvement qui étoit ordonné, et crurent devoir s'ébranler pour profiter du désordre où ils nous supposoient.

Notre petite armée consistoit au moment de l'action en trois mille hommes de troupes réglées et trois mille Canadiens ou sauvages. On avoit été obligé de laisser plusieurs détachements à Jacques-Cartier et pour la garde des bateaux, des bâtiments et de l'artillerie de siège ; nos bataillons d'ailleurs étoient fort diminués par les détachements qu'ils avoient sur les autres frontières.

Liste des officiers tués ou blessés au combat devant Québec, le 28 avril 1760

M. de Bourlamaque, brigadier, partie du gras des jambes emportés d'un coup de canon.

La Reine ....
{
MM. Montreuil, capitaine des grenadiers, blessé à mort,
Dufoy, enseigne, le bras cassé,
le chevalier Desnoës,   } blessés légè-
Saint-Martin, enseigne, }   rement.
}

La Sarre...........
{
MM. Daiguisier, lieutenant, tué,
Palmarolle, capitaine des grenadiers, blessé à mort,
Duprat, capitaine, blessé à mort,
Fourcet, capitaine, blessé à mort,
Duparquet, premier capitaine, coup de feu à la jambe,
Beauclair, capitaine, au bras,
Méritens, capitaine, au bras,
le chevalier de Savournin, lieutenant, à la poitrine, dangereusement,
Paonnet. sous-lieutenant des grenadiers, à la poitrine, mort,
la Naudière, lieutenant, coup de feu à la jambe,
Prémillac, lieutenant, le pied cassé,
LaSuze, lieutenant, } blessés légère-
Granet, lieutenant, }   ment,
le chevalier de Laubanie, lieutenant, blessé légèrement.
}

Royal-Roussillon.
{
MM. Desrouins, capitaine,   } coup de feu
Beaumavielle, lieuten't.   } à la jambe,
Léonard, lieutenant, coup de feu au bras,
Beausadel, sous-lieutenant des grenadiers, l'épaule fracassée, mort,
Destor, capt. des grenadiers, } blessés
Dufresnoy, capitaine,   } légère-
Lefèvre, capitaine,   } ment.
Grandjean,   }
}

Languedoc.	MM. Senneterre, lieutenant, blessé légère- ment, Domange, sous-lieutenant des grena- diers, tué, Dalayrac, lieutenant des grenadiers, blessé.
Guyenne	MM. Morambert, lieutenant, blessé à mort, Montagner, capitaine, coup de feu au bras, Launay, capt. des grenadiers, Debleau, capitaine, Bellot, capitaine, Chassignol, capitaine, blessés légère-ment.
Berry	MM. Villemontet, second capitaine des grenadiers, tué, Valentin, aide-major, tué, Correry, lieutenant, tué, Trécesson, lieutenant-colonel, com- mandant le second bataillon, blessé à mort, D'Arlens, capitaine, La Morlière, blessés à mort, La Pelouze, aide-major, coup de feu à la poitrine, Cospel, lieutenant, cuisse cassée, Du Guerny, lieutenant, cuisse cassée, Vaudaran, lieutenant en deuxième, cuisse cassée, mort, Pélissier, lieutenant des grenadiers, blessé au bras, Laudanet, lieutenant, poignet coupé, Sigouin, capitaine, coup de feu à la cuisse, considérable, Leclerc, lieutenant, coup de feu à la cuisse, considérable, Dalet, lieutenant, coup de feu au bras, de Trivio, lieutenant-colonel, comman- dant le régiment, blessé légère- ment, Pressac, capitaine, Cambray, capitaine, Mesnard, capitaine, Bonchamp, capitaine, blessés légè-rement.

Béarn.............. { MM. Vassal, capitaine,
Salvignac, lieutenant, } blessés à mort,
Totabel, lieutenant,
d'Alquier, lieutenant-colonel, commandant le régiment, coup de feu au côté,
Montredon, capitaine des grenadiers, aux deux cuisses, mort,
Pensens, lieutenant, coup de feu à la cuisse,
Fay, lieutenant des grenadiers, coup de feu à la cuisse,
Jacob, lieutenant, à la poitrine, dangereusement,
Malartic, aide-major,
Bernard, capitaine,
Séglas, capitaine, } blessés légèrement.
Raymond, lieutenant,
Meley, lieutenant,
Jourdain, lieutenant,

Compagnies détachées de la marine.. .... { MM. Boucherville, enseigne, tué,
Saint-Martin, capt. des grenadiers,
La Ronde, capitaine des grenadiers,
Varenne, lieutenant,
Corbière, lieutenant,
Dubuisson, capitaine, coups de feu à l'épaule,
Mezière, capitaine, aux deux jambes,
d'Hugues, capitaine, à la tête, légèrement,
d'Aillebout, sous-lieutenant des grenadiers, à la jambe,
Hiché, enseigne, coup de feu au côté,
le chevalier de La Corne, commandant de bataillon,
De Vassan, commandant de bataillon,
Saint-Luc, capitaine, commandant des sauvages,
de Lorimier, capitaine, } blessés légèrement.
Le Borgne, capitaine,
La Noix de Noyelle, lieutenant,
Sabrevoix, lieutenant,
le chevalier de la Perrière, enseigne,
Herbin, enseigne,

MM. Réaume, commandant le bataillon de Montréal, } tués.
    Lefebvre,

    Amelin,
    Delisle, } blessés à mort.
    Prévost des Ecores,

    Godet, la main fracassée.
    Neveu, à la mâchoire, d...

    Julien des Rivières,
    La Promenade,
    Décary,
    Maugé, } blessés.
    Mesnard,
    Hurtubize,

    Pierre Lefebvre,
    Augé, } blessés légèrement.
    Chevalier,

Le siège de Québec, qui paroissoit presque impossible avant le combat, vu notre situation et nos ressources, commençoit à devenir vraisemblable, l'ennemi étant renfermé dans la place.

Québec forme une espèce de triangle qui occupe une pointe de terre fort élevée sur la rive gauche du fleuve Saint-Laurent. Le fleuve en défend un des côtés. Des deux qui sont vers la campagne, l'un, qui suit l'escarpement de la côte d'Abraham, commande avec beaucoup de supériorité une plaine basse où serpente la rivière Saint-Charles. Cette côte d'Abraham règne presque parallèlement au fleuve et vient s'y réunir à l'embouchure de la rivière du Cap-Rouge. Le côté de Québec qui est terminé par cette côte et par l'escarpement du fleuve, est le seul accessible. Il est défendu par une enceinte de six bastions revêtus et presque sur une ligne droite. Un fossé peu profond et dont l'excavation en quelques endroits n'est que de cinq ou six pieds, quelques terres rapportées sur la contrescarpe et six ou

sept redoutes de bois construites par les Anglois couvroient cette enceinte, laquelle n'a d'étendue depuis le
fleuve jusqu'à la côte d'Abraham qu'environ six ou
sept cents toises. Le terrain est de roc vif, qui vient
presque à nu en approchant de la place.

Des hauteurs que les Anglois avoient abandonnés,
l'on découvre les remparts de Québec. Le chevalier de
Lévis se hâta de les occuper ; et, le sieur de Pontleroy,
ingénieur en chef de la Nouvellé-France, ayant reconnu
la place avec le sieur de Montbeillard, capitaine au
corps royal de l'artillerie et commandant celle du
Canada, il fut décidé que l'on couronneroit par une
parallèle les hauteurs qui sont devant les bastions Saint-
Louis, de la Glacière et du Cap-Diamant, et que l'on
y établiroit des batteries. On espéroit qu'elles pourroient faire brèche, quoique la distance fût de deux
cent cinquante toises, le revêtement étant mal construit
dans cette partie.

Les jours et les nuits suivants jusqu'au 11 mai
furent employés à perfectionner la parallèle et à construire trois batteries. L'une, de six pièces, battoit un
peu en écharpe la face et le flanc droit du bastion de la
Glacière ; une autre, de quatre pièces, placée sur la
gauche, battoit directement cette même partie et croisoit
avec la première ; la troisième, de trois pièces, étoit
dirigée sur le flanc du bastion Saint-Louis, opposé au
bastion de la Glacière. On y joignit une batterie de
deux mortiers. On construisit aussi une batterie de
quatre pièces de canon sur la rive gauche de la rivière
Saint-Charles, d'où l'on voyoit à revers les fronts atta-

qués. On espéroit par là inquiéter les assiégés sur leurs remparts, quoique l'éloignement fût très considérable.

La parallèle et les batteries ne purent s'achever qu'avec des difficultés incroyables. On cheminoit sur le roc, où il falloit porter la terre à une fort grande distance dans des sacs. L'ennemi eut bientôt démasqué soixante pièces de canons sur les fronts attaqués. Cette artillerie, servie avec la plus grande vivacité, non seulement retardoit la construction des batteries, mais aussi empêchoit les travailleurs de faire les transports. Les boulets plongeant derrière les hauteurs, il n'y avoit aucun endroit qui en fût à couvert. Les troupes furent obligées de décamper plusieurs fois.

Enfin le 11 mai, les batteries commencèrent à tirer, et, malgré l'extrême supériorité de celles des Anglois, elles l'auroient fait avec succès si notre petite artillerie eût été de meilleure espèce. Elle étoit composée de pièces de fer de 18 et de 12, une seule de 24, et, quoique l'on eût choisi les meilleures de toutes celles qui restoient en Canada, la plupart dès le second jour furent hors de service et les autres menacées d'y être bientôt.

Le chevalier de Lévis, dans cette circonstance, et pour ne pas se trouver inutilement dépourvu de munitions, prit le parti de réduire le feu des batteries à vingt coups par pièce dans vingt-quatre heures, et de rester dans cette situation jusqu'à l'arrivée des vaisseaux, espérant qu'avant peu de jours la cour enverroit par le fleuve quelques secours en artillerie et en vivres qui le mettroient en mesure de terminer le siège de Québec en peu de jours. Leur passage d'ailleurs devenoit fort aisé par la position où il s'étoit mis devant cette place.

16

Une frégate angloise étoit arrivée le 9 devant Québec et avoit apporté au gouverneur quelques gazettes qu'il avoit eu occasion de faire passer au chevalier de Lévis, dans lesquelles il ne vit que des nouvelles vagues et peu intéressantes. Des deux frégates qui avoient passé l'hiver à Québec, l'une avoit appareillé le 1ᵉʳ mai et avoit descendu le fleuve, sans qu'on eût pu savoir sa destination. On conjecturoit néanmoins qu'elle étoit partie pour l'Europe. La seconde étoit en armement et parut bientôt prête à se joindre à celle qui venoit d'arriver.

Le 15 mai, à dix heures du soir, le chevalier de Lévis apprit qu'il venoit de mouiller deux vaisseaux de guerre derrière la Pointe-de-Lévis. Il eut lieu de penser qu'ils étoient anglois et ne balança pas à songer à la retraite, bien assuré que l'*Atalante* et la *Pomone*, frégates mal armées, n'étoient pas en état de faire tête aux vaisseaux ennemis et de couvrir nos bâtiments de transport sur lesquels étoit le dépôt des vivres. Il envoya aussitôt ordre aux bâtiments de remonter le fleuve pour se mettre en sûreté. Cet ordre fut porté et exécuté trop tard par rapport aux mauvais temps, le fleuve ayant été extraordinairement agité toute la nuit. Il ordonna aussi de retirer toutes les pièces des batteries et de les transporter à la côte du Foulon, où elles arrivèrent à sept heures du matin.

Au point du jour un vaisseau de ligne et deux frégates angloises appareillèrent et se trouvèrent dans un clin d'œil sur nos frégates qui furent obligées de prendre chasse. La *Pomone* s'échoua malheureusement devant Sillery. Le sieur Vauquelin, commandant l'*Atalante*, voyant que les bâtiments de transport alloient être joints, leur fit signal de s'échouer à l'embouchure de la rivière du Cap-Rouge. Il fut lui-même obligé d'en faire autant quatre lieues plus haut, vis-à-vis la Pointe-aux-Trembles, où il essuya pendant deux heures le feu de deux frégates angloises, et, ayant consommé toutes ses munitions et fort endommagé les vaisseaux ennemis, il fut fait prisonnier sans avoir amené le pavillon du Roi. Presque tous ses officiers furent tués ou blessés ainsi qu'une grande partie de son équipage.

Le vaisseau qui étoit parti de Québec avec les deux frégates mouilla devant l'Anse-du-Foulon et canonna nos bateaux si vivement qu'il fut impossible d'y faire embarquer nos pièces de siège. On ne put emmener que les munitions; quelques officiers furent même obligés d'abandonner leurs équipages.

Les troupes restèrent dans la même position toute la journée du 16. A neuf heures du soir, le chevalier de Lévis fit évacuer la tranchée et se retira en bon ordre avec l'artillerie légère jusqu'à la rivière du Cap-Rouge qu'il passa le 17 au matin. Il employa cette journée et la suivante à faire décharger les flûtes et bâtiments échoués et à retirer les vivres et munitions. La flûte la *Marie*, commandée par le sieur Cornillaud, s'étant trouvée en état remonta le fleuve, ayant passé de nuit sous les frégates angloises. Tous les autres bâtiments furent brûlés.

Le 19, il eut nouvelle de huit à dix vaisseaux arrivés dans la rade de Québec, ce qui le détermina à mettre devant lui la rivière de Jacques-Cartier que les troupes passèrent le 20 au matin, ayant laissé un corps de quatre cents hommes à la Pointe-aux-Trembles. Le vent de nord-est qui a régné depuis le 10 mai est devenu si violent pendant les quatre jours employés à replier les vivres et les munitions qu'un grand nombre de bateaux ont péri. Plusieurs de ceux qui portoient le bagage des troupes ont eu le même sort. L'une des deux frégates qui combattirent l'*Atalante* ayant chassé sur ses ancres le lendemain du combat, périt aussi dans un instant.

L'on n'avoit jamais espéré en partant de Montréal être en état de prendre Québec avec les seules ressources que le pays pouvoit fournir, cette ville étant pourvue d'une artillerie immense et gardée par une garnison nombreuse, composée de bonnes troupes, sous un chef actif et entendu. Le projet étoit de resserrer cette garnison dans les murs de la ville d'assez bonne heure pour qu'il lui fût impossible de construire des ouvrages extérieurs devant les fronts que l'on a attaqués, et d'attendre à couvert des premières approches que les secours demandés en France fussent arrivés pour être en état de continuer le siège. Un seul pavillon françois auroit suffi pour produire cet effet.

Le succès de l'affaire du 28 avril auroit pu faire espérer une réussite plus prompte, si l'artillerie eût été en état de faire l'effet qu'on en devoit attendre. La mauvaise qualité des pièces nous a empêchés de profiter de la bonne volonté des troupes qui attendoient avec impatience que la brèche fût ouverte ; et le défaut de tout secours d'Europe a forcé enfin le chevalier de Lévis à se retirer, lui étant impossible, dans un pays où les transports ne peuvent se faire que par eau, de rester dans la position où il étoit sans le secours du fleuve, quand même l'ennemi n'auroit eu par terre aucune troupe à lui opposer.

Liste des officiers tués et blessés pendant le siège

MM. d'Hert, capitaine aide-major de la Reine, blessé légèrement.

Boischatel, capitaine aide-major de la Sarre, tué.

La Justonne, lieutenant de Languedoc, le pied emporté.

Pradet, lieutenant de Languedoc, blessé à mort.

Baraute, capitaine de Béarn, blessé à mort.

Mazérac, capitaine de Béarn, blessé légèrement.

de Bonne, capitaine de la colonie, tué.

chevalier des Méloises, lieutenant des grenadiers de la colonie, tué.

des Méloises, capitaine aide-major de la colonie, blessé à la cuisse d'un éclat de bombe.

Herbin, enseigne de la colonie, blessé légèrement.

du Vernys, lieutenant au corps royal d'artillerie, blessé légèrement à la tête.

RELATION

DE LA SUITE DE LA CAMPAGNE DE 1760, DEPUIS LE 1er JUIN
JUSQU'A L'EMBARQUEMENT DES TROUPES POUR LA FRANCE [*]

Après la levée du siège de Québec et la retraite des
troupes à Jacques-Cartier, la colonie se trouva dépourvue
de munitions de toute espèce. Les bataillons réduits à
deux cent cinquante hommes et au tiers des officiers,
peu de baïonnettes, pas un fusil de rechange, pour toute
artillerie les pièces de campagne prises sur les Anglois
le 28 avril, quarante boulets par pièce, nul bâtiment
de guerre que la flûte la *Marie*, sur laquelle on mit
quelques mauvais canons de fer et deux demi-galères
construites depuis peu à Montréal; deux bâtiments
armés sur le lac Ontario, une goélette et deux petites
tartanes sur la rivière Saint-Jean ; le tout mal pourvu
d'équipages, la plupart des matelots s'étant retirés dans
les paroisses ; la moitié moins de bateaux qu'il n'en
falloit pour le transport des troupes ; nulle espérance
de secours, le fleuve étant couvert de vaisseaux de
guerre anglois et les nouvelles reçues de France nous
ayant appris que des navires partis de Bordeaux, les
uns avoient été pris par les Anglois et les autres avoient

---

[*] Cette relation n'est pas signée.

été obligés d'entrer dans la Baie-des-Chaleurs, où ils s'étoient mis à couvert en remontant la rivière de Ristigouche. Dans ces circonstances, le marquis de Vaudreuil, craignant de manquer de vivres, se crut obligé de rappeler les troupes dans leurs quartiers pour les faire subsister chez les habitants. Il se borna à laisser un corps de quinze cents hommes sur la frontière de Québec, et donna ordre au chevalier de Lévis de revenir à Montréal lorsqu'il en auroit établi les postes, sa présence y étant absolument nécessaire pour mettre en œuvre le peu de ressources qui nous restoient. Le sieur de Bourlamaque fut aussi obligé de s'y faire transporter pour se faire guérir de la blessure qu'il avoit reçue le 28 avril.

Le chevalier de Lévis établit un corps de douze cents hommes à Deschambault, paroisse éloignée de Québec de quatorze lieues, deux cents hommes au fort de Jacques-Cartier aux ordres du sieur de Repentigny et un détachement de troupes légères, cavalerie et infanterie, à la Pointe-aux-Trembles, commandé par le sieur de la Rochebeaucour. Ces différents postes furent aux ordres du sieur Dumas qui avoit sous lui le sieur de Fouillac, commandant le troisième bataillon du régiment de Berry. Il eut ordre d'observer les mouvements des Anglois sur le fleuve et de suivre leur flotte lorsqu'elle monteroit vers Montréal.

Vers la fin de juin, le sieur de Bougainville qui commandoit à l'Ile-aux-Noix, ayant eu connoissance que les navires anglois avoient paru sur le lac Champlain, l'on jugea qu'il étoit indispensable de renforcer ce poste, où il n'y avoit que quatre cent cinquante hommes. Le second bataillon de Berry eut ordre de s'y rendre avec deux cent cinquante miliciens. Le chevalier de Lévis alla visiter cette frontière ; il trouva les défenses de l'île considérablement augmentées, vu le peu de monde que le sieur de Bougainville avoit eu à y employer.

Le 11 juillet, la flotte angloise partit de Québec pour remonter le fleuve. Elle étoit composée de trois frégates de quarante, trente et vingt canons, de plusieurs brigantins et senaux armés, de douze chaloupes carcassières portant du 24, du 18 et du 12, et d'un grand nombre de transports, en tout trente-cinq voiles sans compter les bateaux de débarquement. Cette flotte, commandée par le brigadier général Murray, gouverneur de Québec, portoit trois mille hommes de troupes, non compris les matelots, une prodigieuse quantité de vivres, de munitions et toute l'artillerie nécessaire pour une expédition considérable.

Elle parut au bas du Richelieu, qui est à la vue de Deschambault, le 16 juillet. Le fleuve est extrêmement rapide en cet endroit, et l'on espéroit qu'elle ne franchiroit pas ce passage sans être fort endommagée, quoiqu'il s'en fallut beaucoup que nous n'eussions l'artillerie nécessaire pour le défendre ; mais le vent devint si fort et fit remonter la flotte angloise avec tant de rapidité que les navires se trouvèrent au haut du Richelieu sans avoir essuyé plus de cinquante coups de canons et avec perte de dix ou douze hommes seulement.

Comme la ville des Trois-Rivières étoit ouverte et sans défense, le sieur Dumas, qui côtoyoit la flotte angloise, se pressa d'y arriver pour y construire quelques batteries et retranchements, qui furent dirigés par le sieur de Pontleroy, ingénieur en chef, et le sieur de Montbeillard, commandant l'artillerie. Il avoit ordre de défendre cette ville, si l'ennemi entreprenoit de l'attaquer; mais le brigadier Murray passa outre et continua à monter vers Montréal.

Vers la fin de juillet, on parut avoir le dessein d'arrêter la flotte angloise au passage des îles qui sont au haut du lac Saint-Pierre; non que l'on crut avoir le temps ni l'artillerie nécessaire, mais seulement pour en imposer à l'ennemi et retarder sa marche. Le sieur de Bourlamaque, qui commençoit à être rétabli de sa blessure, eut ordre d'aller reconnoître ces îles et d'y faire construire des batteries et des retranchements.

Le bataillon de la Sarre et le troisième de Berry et environ quatre cents miliciens furent employés à ce travail jusqu'au 8 août, que le vent qui continua d'être favorable à la flotte angloise, l'ayant amenée jusqu'à l'entrée des îles, les troupes se replièrent à l'embouchure de la rivière de Sorel, où le sieur de Bourlamaque fit faire à la hâte quelques retranchements pour empêcher l'ennemi d'y prendre poste. Cette rivière pouvoit ouvrir une communication entre la flotte angloise et l'armée du lac Champlain, et il étoit important de la défendre. Quelques compagnies de Languedoc, cantonnées au sud du lac Saint-Pierre, eurent ordre de le venir joindre avec les miliciens de leurs paroisses. Le reste de ce bataillon s'étoit joint au corps du sieur Dumas, dont le chevalier de Privat, lieutenant-colonel commandant de Languedoc, avoit pris le commandement.

La flotte mouilla le 10 devant Sorel et resta plusieurs jours dans cette position pour attendre une autre division de dix-sept navires de transport, arrivée à Québec au commencement d'août sous les ordres de lord Rollo. Cet officier amenoit les troupes de la garnison de Louisbourg au nombre de quinze cents hommes, et joignit le brigadier Murray devant Sorel le 18 août.

On avoit eu nouvelle à la fin de juillet que la flotte angloise achevoit de s'assembler à Saint-Frédéric et étoit prête à se mettre en mouvement. Le bataillon de Guyenne et deux cents miliciens furent envoyés à l'Ile-aux-Noix dans les premiers jours d'août. En même temps, les deux bâtiments armés que nous avions sur le lac Ontario eurent connoissance d'un grand corps de troupes campés à Chouaguen et furent chassés par deux frégates angloises qui les obligèrent de se retirer dans la rivière de Cataracoui. L'un des deux ayant échoué, fut obligé de venir se réparer sous le fort Lévis et l'autre mouilla à hauteur de la Présentation.

Il étoit impossible de pourvoir d'une manière convenable à ces deux frontières. On étoit obligé d'avoir deux corps de troupes sur les rives du fleuve pour contenir celles qui étoient sur la flotte angloise, quinze cents hommes à l'Ile-aux-Noix, deux cent cinquante au fort Lévis sous les ordres du sieur Pouchot, capitaine au régiment de Béarn. Cinq cents hommes dans l'île Sainte-Hélène, vis-à-vis Montréal, étoient occupés à y construire des batteries et des retranchements, cette île étant située de manière que, si la flotte angloise s'en fût emparée, Montréal ne pouvoit être conservée. On travailla en même temps à établir quelques pièces de canon au-dessous de

la ville pour croiser celles de l'île Sainte-Hélène et
empêcher l'ennemi de passer entre cette île et la ville.

La flûte la *Marie* et les deux demi-galères, n'ayant
pu tenir la rivière devant la flotte angloise, furent
embossées auprès de cette île pour en empêcher l'accès
aux chaloupes ennemies.

Le marquis de Vaudreuil détacha le chevalier de La
Corne, capitaine des troupes de la marine, avec quatre
cents miliciens aux Rapides-des-Cèdres, à douze lieues
au-dessus de Montréal, pour harceler l'armée du lac
Ontario si elle entreprenoit de descendre et donner le
temps d'y rassembler un corps de troupes plus considérable, supposé que les circonstances permissent de
dégarnir les autres frontières. Il espéroit aussi qu'un
grand nombre de sauvages se rendroient dans cette
partie, et l'on avoit lieu de croire que le fort Lévis,
poste situé avantageusement, arrêteroit quelque temps
l'armée angloise.

Il détacha en même temps le sieur de Roquemaure,
brigadier, avec les bataillons de la Reine et de Royal-
Roussillon, au fort Saint-Jean, et ayant eu nouvelle
que l'armée du lac Champlain avoit paru le 14 'devant
l'Ile-aux-Noix, il le fit joindre par tous les miliciens du
gouvernement de Montréal qui n'avoient pas encore
marché et par six cents sauvages domiciliés. Le sieur
de Roquemaure eut ordre de former un détachement de
ces sauvages et de tous les soldats et Canadiens en état
de marcher dans le bois, pour aller attaquer l'armée qui
étoit devant l'Ile-aux-Noix ; mais ce projet ne put avoir
lieu, parce qu'au moment de son exécution, les sauvages
ayant eu nouvelle que ceux des Cinq-Nations se por-

toient pour médiateur entre eux et les Anglois, ils abandonnèrent le camp et se retirèrent chez eux.

L'armée angloise qui devoit opérer sur l'Ile-aux-Noix, étoit composée de quatre bataillons de troupes réglées, de quelques régiments provinciaux et d'un corps de huit cents coureurs de bois, en tout huit à neuf mille hommes. Elle étoit accompagnée de cinq bâtiments armés de canons depuis dix-huit jusqu'à huit pièces chacun, de deux batteries flottantes portant du 24, et de six chaloupes carcassières armées de canons de 12. Elle menoit d'ailleurs avec elle une artillerie nombreuse et du plus gros calibre.

Les troupes angloises débarquèrent le 14 à la vue de l'Ile-aux-Noix sur la rive droite de la rivière Saint-Jean, et travaillèrent, les trois jours suivants, à établir leurs batteries. Les bâtiments et les batteries flottantes ne cessèrent pendant ces trois jours de tirer sur la tête des retranchements, mais avec peu de succès; ils entreprirent aussi de couper les chaînes et estacades qui barroient la rivière et y furent repoussés.

Le 18, les ennemis démasquèrent sur le bord de la rivière six batteries de canons et de mortiers, dont les unes, placées vis-à-vis les retranchements, les battoient directement, et les autres, établies plus haut et plus bas, prenoient à revers et d'écharpe toutes les défenses et en enfiloient la plus grande partie. Ces batteries furent toujours servies avec la plus grande vivacité, et le sieur de Bougainville en essuya le feu pendant huit jours presque sans y répondre, obligé de réserver le peu de munitions qu'il avoit pour une attaque de vive force et n'ayant d'ailleurs qu'une artillerie très foible en nombre et en calibre.

Le 25 août, une de nos tartanes, que l'on avoit placée au bas de l'Ile-aux-Noix pour la mettre à couvert du feu des batteries, fut surprise par quelques pièces de canons que l'ennemi avoit trainées au travers du bois sans qu'elle en eût eu connoissance; et le commandant ayant été tué ainsi que la meilleure partie de l'équipage par les premières volées de canon, le vent poussa malheureusement cette tartane à terre et les ennemis s'en emparèrent sans peine. Ils se servirent aussitôt de ce bâtiment pour enlever la goélette que le sieur de Bougainville avoit placée un peu plus bas pour masquer l'embouchure de la rivière du Sud et qui s'échoua en voulant se retirer. Par cet événement fâcheux l'ennemi fut maître de la communication avec Saint-Jean. N'étant plus gêné dans les mouvements qu'il vouloit faire au-dessous de l'île, il fit passer par le bois un grand nombre de bateaux. Dans ces circonstances, le marquis de Vaudreuil désirant de sauver le corps de troupes que le sieur de Bougainville commandoit et l'employer à la défense du reste du pays, il lui envoya l'ordre d'évacuer l'Ile-aux-Noix et de se retirer à Saint-Jean, si la chose étoit possible, l'armée ennemie l'environnant de toutes parts. Cette retraite se fit avec autant d'ordre que de succès la nuit du 27 au 28, et le sieur de Bougainville arriva le 28 au soir à Saint-Jean. Les Anglois ne tardèrent pas à s'en approcher après la prise de l'Ile-aux-Noix, et, le 31 août, le sieur de Roquemaure, en conséquence des ordres du marquis de Vaudreuil, ayant fait mettre le feu au fort

Saint-Jean, se replia derrière la rivière de Montréal, à moitié chemin de Saint-Jean et de la Prairie.

Le 25 août au matin, la flotte angloise, que commandoit le brigadier Murray, mit à la voile et vint mouiller à quatre lieues de Montréal, ayant la pointe de cette île au nord et la paroisse de Varennes au sud. Le corps du sieur Dumas repassa le même jour dans l'île de Montréal, et le bataillon de Béarn eut ordre de le soutenir.

Le sieur de Bourlamaque eut ordre de se porter à Longueuil, paroisse située au sud, vis-à-vis l'île Sainte-Hélène, pour être à portée de soutenir le corps du sieur de Roquemaure, empêcher la jonction des troupes de la flotte avec celle du lac Champlain, ou de passer dans l'île de Montréal, si les troupes de la flotte entreprenoient d'y débarquer.

Le brigadier général Murray profita de la position éloignée de ce corps pour faire débarquer à Varennes un détachement de cinq à six cents hommes qui s'y retranchèrent et désarmèrent les habitants des paroisses depuis Varennes jusqu'à Sorel. Il fit brûler quelques maisons pour intimider et réussit en effet à faire déserter tous les miliciens qui étoient avec les troupes.

Après l'évacuation du fort Saint-Jean, l'armée qui avoit fait le siège de l'Ile-aux-Noix, prit poste au-dessous du lieu où étoit ce fort et envoya un détachement pour réduire celui de Chambly.

Le chevalier de Lévis, s'étant transporté avec le chevalier de Montreuil, aide-major général, et le sieur de Lapause, aide-maréchal des logis, au corps que commandoit le sieur de Roquemaure, et en ayant examiné la position, jugea qu'il ne seroit pas en état de disputer le terrain aux ennemis, s'ils vouloient s'approcher du fleuve, ce corps étant d'ailleurs considérablement diminué par désertion. En conséquence, il le fit replier à la Prairie, sur le bord du fleuve, à trois lieues au-dessus de Longueuil, pour être plus à portée de joindre le sieur de Bourlamaque.

Le 2 septembre, le marquis de Vaudreuil, croyant les sauvages dans des dispositions plus favorables, les fit assembler à la Prairie, où le chevalier de Lévis s'étant rendu, il leur proposa de marcher avec toutes les troupes qui étoient au sud pour attaquer l'armée angloise. Mais au moment qu'il pensoit les avoir déterminés à nous aider dans cette expédition, ils reçurent nouvelle que les Anglois avoient accepté la paix proposée pour eux par les sauvages des Cinq-Nations et abandonnèrent le camp pour la seconde fois.

Le chevalier de Lévis apprit en même temps que le fort Lévis avoit été pris, après avoir été battu pendant plusieurs jours par une artillerie si considérable qu'il avoit été entièrement rasé, et que l'armée du lac Ontario descendoit les Rapides pour s'approcher de Montréal. Cette armée étoit de quinze mille hommes aux ordres du major général Amherst, commandant en chef toutes les troupes angloises en Amérique. Il jugea alors qu'il n'y avoit pas un instant à perdre pour faire passer dans l'île de Montréal toutes les troupes qui étoient au sud du fleuve, ce qui s'exécuta le lendemain au point du jour.

Les bataillons de la Sarre et de Royal-Roussillon, les deux de Berry et celui de Béarn furent placés entre

Montréal et la Longue-Pointe, aux ordres du sieur de Bourlamaque, et communiquoient avec le corps du sieur Dumas qui étoit à la Pointe-aux-Trembles et au-dessous, vis-à-vis la flotte angloise.

Le sieur de Roquemaure campa avec les bataillons de la Reine et de Guyenne à la Pointe-Saint-Charles, demi-lieue au-dessus de la ville. On espéroit dans cette position que, les troupes de la flotte débarquant dans l'île de Montréal, nous aurions le temps de les aller combattre, quoique avec beaucoup d'inégalité, avant que les autres armées fussent à portée de la ville. La victoire la plus complète remportée sur le corps du brigadier général Murray n'auroit pas sauvé la colonie, mais elle nous auroit fait terminer avec gloire une défense qui ne pouvoit durer que peu de jours. Ce projet ne put être exécuté par la circonspection que ce général mit dans ses mouvements.

Le 6 septembre, le général Amherst fit son débarquement dans l'île de Montréal, à trois lieues au-dessus de la ville, et n'eut pas de peine à pousser quelques volontaires que nous y avions. Il avoit été guidé dans les Rapides avec beaucoup de diligence par les sauvages des Cinq-Nations, et même par quelques Iroquois du Sault-Saint-Louis, qui avoient pris parti avec lui. Le détachement du chevalier de La Corne étoit anéanti par la désertion, et les deux bataillons de la Reine et de Guyenne furent obligés de rentrer dans la ville. Il fallut se borner à avoir quelques volontaires à la tête du faubourg des Récollets, et l'armée angloise campa le soir même à la vue de Montréal. De l'autre côté, le

17

brigadier général Murray, ayant rappelé les détachements qu'il avoit au sud, parut toute la journée du 6 dans l'intention de débarquer dans l'île de Montréal, ce qu'il ne fit néanmoins que le lendemain matin.

La nuit du 6 au 7, les bataillons de la Sarre, de Royal-Roussillon et ceux de Berry entrèrent dans la ville. Le bataillon de Béaru, celui de Languedoc et un bataillon de la marine occupèrent le faubourg de Québec et s'y retranchèrent aux ordres du sieur de Bourlamaque.

Cette même nuit, le marquis de Vaudreuil ayant assemblé chez lui les principaux officiers des troupes de terre et de la marine, le sieur Bigot, intendant, lut un *mémoire* sur la situation actuelle des affaires et un projet de capitulation. Comme la désertion totale des Canadiens et celle d'un grand nombre de soldats avoient réduit les troupes au nombre de deux mille quatre cents hommes ; que nos sauvages domiciliés avoient fait alliance avec les Anglois et même leur avoient offert de prendre les armes pour achever de nous réduire ; que la ville de Montréal étoit au plus à l'abri d'un coup de main ; qu'on ne doutoit pas que le brigadier général Murray ne débarquât dans l'île de Montréal le lendemain matin ; que le corps qui avoit pris l'Ile-aux-Noix et qui étoit parvenu à la rive opposée de Montréal, pouvoit aisément se joindre à ce brigadier ou enlever l'île Sainte-Hélène, dans laquelle on n'avoit pu jeter que cinq cents hommes ; et comme il étoit impossible de combattre l'armée qui étoit à la vue de Montréal avec plus de douze cents hommes, ne pouvant laisser moins de la moitié des troupes à la garde de la ville et de l'île Sainte-Hélène, les munitions d'ailleurs étant réduites à six mille livres de poudre, le conseil de guerre entra unanimement dans les vues du marquis de Vaudreuil, qui représenta que l'intérêt. général de la colonie exigeoit que les choses ne fussent pas poussées à la dernière extrémité, et qu'il convenoit de préférer une capitulation avantageuse aux peuples et honorable aux troupes qu'elle conservoit au Roi, à une défense opiniâtre qui ne différeroit que de deux jours la perte du pays. En conséquence, il fut résolu que le sieur de Bougainville seroit député le lendemain matin au général Amherst pour lui proposer une suspension d'armes jusqu'au 1ᵉʳ octobre, à charge de capituler si l'on n'avoit alors aucune nouvelle de la paix. Il eut ordre en même temps, supposé que le général ennemi ne voulût point entendre à cette suspension, de proposer la capitulation dont on avoit fait lecture au conseil de guerre.

Le 7, à neuf heures du matin, le brigadier général Murray débarqua à trois lieues au-dessous de la ville avec quatre mille cinq cents hommes de troupes réglées, et se mit aussitôt en marche vers Montréal.

Pendant toute la journée du 7, il y eut suspension d'armes avec la grande armée et l'on fut en pourparler pour traiter de la capitulation. A six heures du soir, les troupes de la flotte étant à la vue du faubourg, on envoya un tambour au brigadier général Murray pour l'instruire de la suspension d'armes qui étoit de l'autre côté ; sur quoi il s'arrêta.

Pendant la nuit du 7 au 8, le chevalier de Lévis et les principaux officiers des troupes de terre, instruits

que le général anglois exigeoit que les troupes missent
bas les armes et ne servissent point pendant la présente
guerre, firent au marquis de Vaudreuil, de bouche et
par écrit, les instances les plus vives pour le déterminer
à rompre tout pourparler, et lui proposèrent ou de marcher aux ennemis malgré la disproportion extrême des
forces, ou d'attendre à couvert des murs de Montréal
que l'ennemi y eût fait brèche, ou enfin de permettre
aux troupes de terre de se jeter dans l'île Sainte-Hélène
pour y obtenir une capitulation moins dure ou subir le
sort de la guerre après une défense honorable, ce qui
n'empêcheroit pas de capituler sur-le-champ pour la
colonie.   Ils lui firent envisager combien il étoit désavantageux au service du Roi de priver l'Etat pendant
la guerre de dix bataillons qui avoient servi avec
courage.

Le marquis de Vaudreuil, occupé du bien des peuples
dont le gouvernement lui avoit été confié et craignant
de hasarder l'intérêt public pour l'honneur des troupes,
refusa d'écouter ces représentations, et, ayant donné
ordre par écrit au chevalier de Lévis de faire mettre bas
les armes aux troupes de terre, il signa, le 8 au point
du jour, la capitulation telle que l'avoit exigée le général
anglois.

Le chevalier de Lévis, voyant avec douleur que
monsieur le marquis de Vaudreuil avoit pris son parti,
voulut épargner aux troupes une partie des désagré-
ments que le général anglois leur réservoit ; il ordonna
que l'on brûlât les drapeaux pour se soustraire à la dure
condition de les remettre aux ennemis.

C'est ainsi que s'est terminée la guerre du Canada, soutenue pendant six campagnes avec une disproportion incroyable, et dont la fin malheureuse ne peut être attribuée qu'à des événements inattendus. La reddition prématurée de Québec le 18 septembre 1759, peut être regardée comme la cause première de la perte de cette colonie, puisque, malgré la défaite du 13 septembre, le chevalier de Lévis, lorsqu'il eut joint le marquis de Vaudreuil, auroit forcé les ennemis à lever le siège, si la place eût tenu deux jours de plus.

Cette même ville de Québec seroit rentrée au mois de mai dernier sous la domination du Roi, si les secours demandés en France fussent arrivés, comme on avoit lieu de l'espérer, avant l'escadre angloise.

En effet, quoique nous nous soyons trouvés environnés dans Montréal par trente mille hommes de troupes angloises, dont vingt-quatre bataillons de troupes réglées, la seule flotte partie de Québec a déterminé le succès de leur expédition. C'est elle qui a désarmé toutes les milices du pays et qui nous a réduits aux seules troupes réglées, par la terreur que le brigadier général Murray a su imprimer aux habitants du Canada, en brûlant les maisons de ceux qui étoient au camp et épargnant celles des miliciens qui étoient chez eux.

EXTRAIT DU JOURNAL DE M. VAUQUELIN *

COMMANDANT LA FRÉGATE L'*Atalante*, DANS LE FLEUVE SAINT-LAURENT, EN 1760

Ayant été décidé que l'on feroit le siège de Québec au petit printemps, on en a de longue main fait les préparatifs, et on a, entre autres, chargé sur nos bâtiments canons, affûts, poudres et autres ustensiles préposés pour cela.

Le tout étant embarqué et les glaces du lac Saint-Pierre étant en allées, je partis le 20 avril de la rivière de Sorel, avec la frégate la *Pomone*, la flûte la *Pie* et deux bateaux chargés d'effets, pour descendre et suivre l'armée, qui partit le même jour des côtes, et nous rendre où elle pourroit aller.

Le 28 avril, j'arrivai à l'Anse-au-Foulon avec toute la petite flotte, qui étoit augmentée de la flûte la *Marie*,

---

* Le capitaine Vauquelin s'était distingué au siège de Louisbourg en 1758. Retourné en France, il fut nommé lieutenant de vaisseau, quoiqu'il n'eût commandé que des navires marchands, et envoyé au Canada avec les plus hautes recommandations. Il servit durant le siège de Québec et s'immortalisa, l'année suivante, par son héroïque défense à bord de l'*Atalante*. L'extrait de son *Journal* publié ici donne les principaux détails de ce combat livré à la Pointe-aux-Trembles, au-dessus de Québec. — NOTE DE L'ÉDITEUR.

deux bâtiments et deux goélettes particulières chargés aussi d'effets qu'ils avoient pris à Montréal.

J'y arrivai peu de temps après la bataille que M. le chevalier de Lévis venoit de gagner sur les troupes ennemies, qui étoient toutes sorties de Québec pour lui en disputer l'approche. Nous eûmes la satisfaction de voir nos troupes tranquilles sur les hauteurs d'Abraham, l'ennemi étant rentré dans la place, et peu après celle d'apprendre que notre armée avoit remporté une victoire complète, l'ennemi ayant abandonné toute son artillerie.

Toute la flotte mouillée faisant la droite de l'armée ? partie à l'Anse-au-Foulon qui est à une lieue de la place et partie à l'Anse-Sillery qui est à une demi-lieue au-dessus de cette première, on a débarqué journellement et à fur et à mesure ce dont l'armée avoit besoin, tant en artillerie et munitions pour le siège qu'en vivres pour la subsistance des troupes.

Nos batteries avançoient, et l'on devoit battre sous peu de jours, lorsque le vent de nord-est nous amena, le 9 mai, une frégate angloise de trente canons qui se mouilla sous Québec. Cette arrivée nous surprit un peu, mais ne nous inquiéta point, bien persuadés qu'elle seule ne viendroit point nous combattre, ce qu'elle ne fit effectivement point. Je demandai cependant à M. le chevalier de Lévis soixante Canadiens pour augmenter mon équipage qui n'étoit que de cent dix hommes, pour pouvoir servir comme il faut onze canons de 8 que j'avois par bande et avoir un peu de mousqueterie.

Le 11 mai au matin, nos batteries étant perfectionnées, elles commencèrent à tirer.

Dans cette position, le vent de nord-est continuant, nous nous flattions de voir arriver de jour à autre quelques-uns de nos bâtiments, mais au contraire, le 15 au soir, on fit, de dessus la Pointe-de-Lévis, signal d'un vaisseau ennemi.

J'ai fait sur-le-champ partir un officier pour en informer M. le chevalier de Lévis et lui demander ses ordres. Le reste de la nuit s'est passé en gros vent de nord-est et est-nord-est ; mon officier n'étoit point encore de retour à minuit.

Le 16, le vent toujours au nord-est, gros frais, le temps brun et couvert, assez clair cependant pour à quatre heures nous laisser apercevoir dans le bassin entre Québec et la pointe d'Orléans un vaisseau et une frégate arrivés pendant la nuit. J'ai aussitôt fait guinder le grand mât de hune que le gros vent de la veille nous avoit obligé d'amener et fait mettre le signal de désaffourcher.

Un instant après, l'officier que j'avois envoyé la veille à terre est arrivé et m'a dit avoir été retenu au quartier général jusqu'à minuit et que son canot s'étoit trouvé échoué. Il m'a dit aussi que M. le chevalier de Lévis avoit été informé dès cette nuit par Beauport de l'arrivée de ces bâtiments, et que son intention étoit que j'eusse à appareiller aussitôt que je verrois l'ennemi sous voile pour monter au-dessus de la place.

A quatre heures trois quarts, le vaisseau déferla son petit hunier. La frégate a mis sous voile et s'est acheminée vers Québec. En la voyant passer outre et la frégate première arrivée mettre aussi sous voile, j'ai fait le signal de couper les câbles pour appareiller, qui est un pavillon mi-partie rouge et mi-partie blanc et deux coups de canon coup sur coup.

La *Pomone* et les autres bâtiments ont aussitôt coupé (leurs câbles) et appareillé. La première des frégates ennemies étoit à l'Anse-des-Mères lorsque j'ai fait couper les miens, n'ayant pas eu le temps d'en faire rentrer aucun à bord, et ai fait route pour monter. Mais la *Pomone*, ayant par malheur abattu du mauvais côté, n'a pu doubler la pointe de l'Anse-au-Foulon et s'est trouvée échouée en dedans.

J'ai continué à faire route avec les autres bâtiments, mais en marchant mieux qu'eux, et, la première des frégates m'approchant, je jugeai ne pouvoir les conserver longtemps sans être atteint ; ce qui me fit prendre le parti de les faire donner dans la rivière du Cap-Rouge, à deux lieues de l'endroit d'où nous partions. Je les ai couverts jusque-là et leur ai fait faire route pour cette susdite rivière, pour, par cette manœuvre, sauver le dépôt et le mettre à portée d'être enlevé par l'armée, bien persuadé que les frégates ennemies s'acharneroient à me chasser, plutôt que de rester pour les petits bâtiments qui, étant entrés dans la rivière, seroient à l'abri de leurs coups.

J'ai aussitôt fait force de voiles et fait canonner de retraite la plus proche, mais assez inutilement, et je fis mettre toutes voiles dehors. Elle m'a toujours approché, et plus encore la dernière qui doubloit presque notre sillage. Un bateau du Roi et la chaloupe s'étant remplis d'eau, j'ai été obligé d'en faire couper l'amarre ; celle du canot ayant manqué auparavant, je me suis trouvé sans un bateau.

Nous avons continué de monter et de canonner de retraite les deux frégates de chasse ; mais enfin, voyant l'avantage qu'elles avoient sur nous et prévoyant qu'elles me suivroient et me joindroient sous peu, j'ai cru n'avoir rien de mieux à faire qu'à chercher un endroit commode pour échouer la frégate et pouvoir sauver les équipages du Roi, qui peuvent être très nécessaires à la colonie, où l'espèce manque.

Le pilote m'ayant assuré que nous n'avions d'autres endroits que la Pointe-aux-Trembles, qui étoit à deux lieues de nous, ou Portneuf, qui en étoit à cinq, et qu'avant d'être arrivés à ce dernier les frégates m'auroient certainement joint, je me déterminai à faire choix du premier endroit.

Nous y sommes arrivés à sept heures et demie, ayant les frégates à portée et demie du mousquet derrière nous, et avons échoué à près de vingt toises du moulin de cette pointe. Plusieurs raisons m'ont fait prendre ce dur parti.

La première, que ces frégates, marchant beaucoup mieux que la mienne, auroient pu couper ma retraite en me mettant entre elles, et, par cette manœuvre, m'auroient tiré les moyens de faire côte, après avoir consommé quatre cents coups de canon que j'avois à tirer sans plus.

La seconde, que, l'année dernière, les vaisseaux ennemis ne montèrent point au-dessus de la Pointe-aux-Ecureuils faute de connoissance de cette partie, et cela auroit été leur servir de guide que d'aller au-dessus, puisqu'elles auroient été près et à poupe de la frégate.

La troisième, c'est qu'excepté à Portneuf, qui est à trois lieues d'ici, le rivage est bordé de rochers qui s'étendent fort au large, et où il n'eut point peut-être été possible de sauver les équipages qui infailliblement auroient été prisonniers ou péri sans ressources.

La frégate échouée, les deux ennemies se sont mouillées par son travers à demi-portée de canon et ont fait tout autant de feu qu'elles ont pu. La frégate s'est heureusement trouvée échouée droite, présentant le travers et soutenue par une heure de flot qu'il y avoit encore. Nous avons aussi fait feu, et pour qu'elle se tînt plus longtemps droite, j'ai fait couper son grand mât.

A neuf heures et demie, nous nous sommes trouvés sans poudre, parce que l'eau ayant gagné la soute en a submergé quatre barils, obligés de voir constamment tirer l'ennemi et le désagrément de n'avoir plus de quoi lui riposter.

Nous nous sommes restreints à avoir le mousquet dans les bras et à nous munir de cartouches, au cas qu'il voulût envoyer ses canots à bord.

On cria à quelques habitants qui passoient de nous envoyer un bateau pour débarquer, mais assez inutilement, et le grand feu que faisoit l'ennemi mettoit une grande difficulté à notre réquisition.

N'ayant plus rien à faire, je chargeai le sieur Sabourin du soin de faire préparer un artifice pour brûler la frégate en nous débarquant.

Nous avons longtemps attendu un bateau, qui est enfin venu et dans lequel il s'est embarqué autant de monde qu'il en a pu contenir, et on leur donna un bout de cordage pour faire un va-et-vient; mais, arrivés à terre, ils ont largué le cordage et laissé le bateau pour prendre la fuite, de sorte que, comme il y avoit descendant, il s'est trouvé en peu de temps à sec, le restant de l'équipage et nous isolés sur la frégate, qui commençoit à donner un grand gîte *(sic)*.

M'ayant été rapporté qu'il y avoit huit pieds d'eau dans la frégate, j'ai réfléchi sur le projet que j'avois formé de la brûler, et ayant bien combiné comme elle étoit crevée et par conséquent hors d'état d'être renflouée, j'ai pensé qu'il seroit plus avantageux de ne pas le faire, parce qu'après le départ des frégates ennemies on pourroit sauver de bord quelques ingrédients utiles à la colonie, comme canons, le peu de vivres qui nous restoient, voiles et cordages, bien qu'ils fussent en pièces et lambeaux.

Il n'en a pas été de l'ennemi comme de nous; il a toujours continué son feu, et ne l'a interrompu que le temps qu'il lui a fallu pour éviter de flot en jusant. Il continua de nous tuer et blesser toujours quelqu'un. La frégate a toujours tombé et étoit couchée au point de ne pouvoir presque plus se tenir sur le pont, lorsque, pour la soulager et l'empêcher de venir peut-être le platbord à l'eau, j'ai fait couper le mât de misaine.

La nécessité d'avoir quelque chose pour descendre nos équipages à terre et nos blessés, nous a fait travailler à faire un mauvais radeau, ce à quoi l'on est parvenu; et, après avoir débarqué douze à quinze hommes, l'on a remis à l'eau le bateau qui étoit demeuré échoué par l'abandon qu'en avoient fait ceux qui étoient descendus les premiers, et l'on a, avec le dit bateau, continué le débarquement.

Le feu de l'ennemi avoit cessé, la frégate étant gîtée
à terre et ne lui présentant que le flanc. Mais, lors
du débarquement, il a recommencé. Cependant on
l'a continué, et il restoit encore un voyage à faire,
lorsqu'à une heure et demie, les frégates ont envoyé
leurs canots à bord, ce que nous avons très bien observé ;
mais la frégate étoit tellement couchée que nous tenir
étoit tout ce que nous pouvions faire, par conséquent
hors d'état de faire une assez inutile défense, et, joint à
ce que nos blessés avoient besoin d'un prompt secours,
nous les avons laissés monter et ai été fait prisonnier
avec cinq de mes officiers. J'en avois envoyé un à terre
de bonne heure pour rendre compte et prévenir M. le
chevalier de Lévis de notre défaite.

Ceux prisonniers avec moi sont les sieurs Sabourin
et Thomas, lieutenants, Deshaix, enseigne, Chaumillon,
écrivain, et le sieur Bossens, aumônier. Il s'est aussi
trouvé à bord six hommes de l'équipage, qui, comme
nous, n'avoient pu aller à terre.

Nous avons été conduits, moi et le sieur Sabourin à
bord du sieur Schomberg, capitaine de la frégate la
Diane, armée de trente-deux canons, dont vingt-six
de 12 sur son pont et six de 6 sur les gaillards. Les
autres officiers ont été mis à bord de M. Deane, commandant la frégate *Lowestoff*, armée de vingt-quatre
canons de 9 sur son pont et six de 6 sur ses gaillards.
J'ai prié ce premier d'envoyer un parlementaire pour
débarquer à terre les blessés qui étoient restés à bord
faute de temps pour le faire ; Monsieur le capitaine s'y
est prêté de la meilleure grâce du monde, et j'ai pour

cela envoyé un de mes meilleurs officiers dans son canot.

Nous ignorons au juste le nombre des tués et blessés que nous avons eus; mais cela va au moins à quarante-trois hommes. La plupart des blessés le sont dangereusement. Il y a dans le nombre des tués le sieur Dufour, enseigne; dans celui des blessés légèrement, les sieurs Sabourin, Thomas, Deshaix et moi. Ils ont renvoyé leurs canots à bord de l'*Atalante* pour en tirer ce qui pourroit leur être de quelque utilité; mais ils sont revenus tels qu'ils y étoient allés, ayant trouvé tous les cordages hachés et les voiles criblées et en pièces.

M. Schomberg m'a dit avoir tiré cinq cents coups de canon et M. Deane trois cent cinquante.

Le 17 mai, le vent continuant au nord-est, grand frais, et les frégates ne pouvant descendre comme elles l'auroient bien désiré, M. le capitaine Schomberg a envoyé son canot mettre le feu à bord de l'*Atalante*.

TABLE DES MATIÈRES

Relations et journaux de différentes expéditions

FAITES DURANT LES ANNÉES 1755-56-57-58-59-60

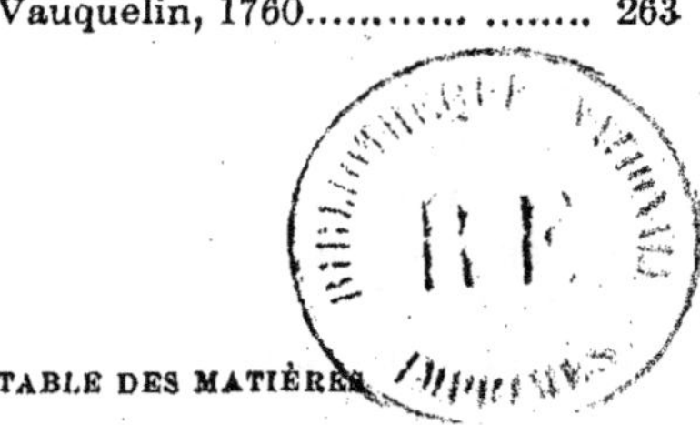

FIN DE LA TABLE DES MATIÈRES

COLLECTION DES MANUSCRITS

DU

MARÉCHAL DE LÉVIS

—

—

A la fin de ce volume, le dernier de la Collection, se trouve une TABLE ANALYTIQUE de chacun des volumes.